caminhos do marketing

uma análise de vertentes mercadológicas

O selo DIALÓGICA da Editora InterSaberes faz referência às publicações que privilegiam uma linguagem na qual o autor dialoga com o leitor por meio de recursos textuais e visuais, o que torna o conteúdo muito mais dinâmico. São livros que criam um ambiente de interação com o leitor – seu universo cultural, social e de elaboração de conhecimentos –, possibilitando um real processo de interlocução para que a comunicação se efetive.

caminhos do marketing
uma análise de vertentes mercadológicas

Achiles Batista Ferreira Junior

EDITORA intersaberes

Rua Clara Vendramin, 58 . Mossunguê
CEP 81200-170 . Curitiba . PR . Brasil
Fone: (41) 2106-4170
www.intersaberes.com
editora@editorAintersaberes.com.br

Conselho editorial Dr. Ivo José Both (presidente); Dr.ª Elena Godoy; Dr. Nelson Luís Dias; Dr. Neri dos Santos; Dr. Ulf Gregor Baranow
Editor-chefe Lindsay Azambuja
Editor-assistente Ariadne Nunes Wenger
Preparação de originais EBM Edições e Revisões
Capa Mayra Yoshizawa (*design*); Dmitry Birin/ Shutterstock (imagem)
Projeto gráfico Bruno Palma e Silva
Diagramação Kátia Priscila Irokawa Muckenberger
Iconografia Palavra Arteira

Dados Internacionais de Catalogação na Publicação (CIP)
(Câmara Brasileira do Livro, SP, Brasil)

Ferreira Junior, Achiles Batista
  Caminhos do marketing: uma análise de vertentes mercadológicas/Achiles Batista Ferreira Junior. Curitiba: InterSaberes, 2017. (Série Marketing Ponto a Ponto)

  Bibliografia.
  ISBN 978-85-5972-382-3

1. Comunicação em marketing 2. Estratégia
3. Inovação 4. Marketing 5. Marketing – Administração –
Estudo de casos 6. Marketing – Pesquisa 7. Tomada
de decisão I. Título. II. Série.

17-02536   CDD-658.8

Índices para catálogo sistemático:
1. Marketing: Administração   658.8

1ª edição, 2017.

Foi feito o depósito legal.

Informamos que é de inteira responsabilidade do autor a emissão de conceitos.

Nenhuma parte desta publicação poderá ser reproduzida por qualquer meio ou forma sem a prévia autorização da Editora InterSaberes.

A violação dos direitos autorais é crime estabelecido na Lei n. 9.610/1998 e punido pelo art. 184 do Código Penal.

sumário

agradecimentos, 9
prefácio I, 13
prefácio II, 15
apresentação, 17
como aproveitar ao máximo este livro, 21

capítulo 1 entendendo o marketing 25	O que é marketing?, 26 Evolução do marketing, 28 Os 4 Ps do composto de marketing, 30 Os 4 Cs do composto de marketing, 31
capítulo 2 marketing de serviços 37	Conceito de marketing de serviços, 39 Marketing jurídico, 46 Marketing magistral, 58 Marketing notarial, 73 Marketing público, 80 Marketing político, 102
capítulo 3 mídias 111	Conceito de mídia/*media*, 112 Tipos de mídia, 115

capítulo 4
influência da mídia na atualidade
131

Mídia e sua influência em nosso cotidiano, 133

Convergência de mídias, 136

capítulo 5
tendências de mercado para os próximos anos
139

Empoderamento do consumidor, 140

Caminhos do marketing, 141

para concluir..., 151

referências, 155

apêndice, 183

respostas, 189

sobre o autor, 193

about the author, 197

Dedico esta obra às mulheres da minha vida: minha querida mãe, Dona Diva Mores (*in memoriam*), inspiração de uma existência, eterna motivação para cada dia, minha eterna guerreira que não foi Diva[1] apenas no nome, mas no sentido literal da palavra, e minha esposa Kantsi Sgarbi, que em sua paciência e compreensão diária tem se mostrado um grande alicerce de minha jornada.

Dedico também à pequena princesa Betina, ao meu filho João Victor, à memória de meu pai, Achiles Batista Ferreira, herói que mesmo tendo deixado o plano terreno muito cedo, fez a diferença no pouco tempo de convívio que tivemos, e a todos aqueles que de alguma forma fizeram ou fazem parte de minha existência e que me apoiaram ou apoiam em todos os momentos de minha vida: vocês tornam o meu caminho mais justo e perfeito.

Todo esforço é feito para e por vocês. Obrigado!

---

1 "**Diva** é uma divindade feminina, **uma deusa**. No sentido figurado, é uma **mulher muito bonita**. É um substantivo feminino derivado do latim *divus* (deusa). Diva era uma palavra inicialmente usada para célebres cantoras de ópera tendo o mesmo significado do termo italiano *prima donna* (a cantora principal de uma ópera). O significado de diva passou a ser usado para estrelas do mundo do cinema e da música, e num sentido mais lato também designa uma mulher muito formosa ou uma musa." (Diva, 2017, grifos do original).

agradecimentos

A Deus e aos meus familiares.

Aos colegas de trabalho da Editora InterSaberes; ao eficiente pessoal dos estúdios de educação a distância (EaD) do Centro Universitário Internacional Uninter; à competência do tutor do Curso Superior de Tecnologia em Marketing, Diogo Debiase Sousa, e aos professores Guerohn Camilo Alves Prates, Karin Sell Schneider Lima, Angela Cristina Kochinski Tripoli, Benhur Etelberto Gaio, Neliva Tessaro, Tatiana Souto Maior de Oliveira, Vanderleia Stece de Oliveira, Aline Mara Gumz Eberspacher, Mariana Monfort, Grazielle Ueno Macoppi, Anderon Andellon Makioszek, Edna Gamboa Chimenes, Karoline Walesko, Andreia Jung Guidio Ribeiro de Oliveira, Paulo Maia de Oliveira, Paulo Maia Junior, Vanessa Estela Kotovicz Rolon, Rodrigo

Berte, Mariana Gonçalves da Silva, Mário Sérgio Cunha Alencastro, Neusa Higa, Elton Ivan Schneider e ao presidente do Grupo Uninter, prof. Wilson Picler, pela oportunidade de exercer o meu ofício.

Ao prof. Nelson Castanheira e ao Ex-Governador do Paraná, Orlando Pessuti, pelos gentis prefácios elaborados para esta obra.

Aos amigos Júlio Ferraz, pela força e envio de informações, e Marco Antonio Capeli, tabelião substituto do Cartório Volpi – 7º Tabelião, pelo pronto atendimento durante a pesquisa relativa aos cartórios.

Aos colegas de profissão que participaram do processo de coleta de dados, entrevistas e busca por informações para a realização de mais esta obra.

Às empresas que colaboraram com esta obra, por proporcionarem o ambiente de pesquisa: Green Digital – Agência de Marketing Digital; CIA 10 Operadora de Turismo; Fabriccato Comunicação e Marketing; LCT Comunicação; Grupo de Professores e Consultores (GPCON); 100% Imóveis Camboriú; YOUnique Consultoria Financeira; Importadora La Violetera; Cartório Volpi – 7º Tabelião e Agência Inteligência Marketing de Balneário Camboriú.

Ao meu orientador do Doutorado em Tecnologia e Sociedade da Universidade Tecnológica Federal do Paraná (UTFPR), Prof. Dr. Eloy Fassi Casagrande Junior e aos meus coorientadores, Prof. Dr. Silvestre Labiak Junior e Prof. Dr. Décio Estevão do Nascimento; à coordenadora do Programa de Pós-Graduação em Tecnologia e Sociedade (PPGTE) da UTFPR; à eficiente Prof.ª Dr.ª Faimara do Rocio Strauhs e aos demais professores do PPGTE.

Ao meu querido tio Dirceu Mores (Dirceu Borboleta) e a um dos maiores exemplos de conduta e postura ética, Diocir de Jesus Mores (*in memoriam*), pelas ótimas lembranças e ensinamentos gravados em minha memória.

Por fim, agradeço a todos que direta ou indiretamente fizeram parte desta obra.

prefácio I

por Dr. Nelson Pereira Castanheira

O legado do professor Achiles Batista Ferreira Junior no âmbito da educação superior tecnológica em nosso país é inquestionável e muito significativo. Sua contribuição estende-se aos cursos de pós-graduação *lato sensu*, nas modalidades presencial e a distância, e ao *blended learning*[1], uma tendência mundial na educação superior.

Prefaciar o livro de tão ilustre amigo é uma honra para mim, diante da importância deste trabalho para profissionais e estudantes de cursos superiores que, de alguma forma, ocupam-se do marketing como objeto de estudos. Trata-se de uma obra que dá ao leitor, com suavidade, uma visão ao mesmo tempo ampla e detalhada dos principais conhecimentos dessa disciplina, para que ele possa, se assim desejar, enveredar-se pelos mais diversos caminhos que se abrem ao profissional da área.

O marketing nunca esteve tão presente no dia a dia do brasileiro como hoje, em todas as esferas, pois os mercados

---

[1] Diz respeito ao ensino semipresencial, que combina o estudo presencial com o estudo a distância.

estão em permanente mudança e a mídia exerce forte influência na decisão dos consumidores. Não há mais como ignorar a sua importância para alavancar negócios e empresas de pequeno, médio ou grande porte.

Tendo isso mente, o autor procura mostrar, nesta obra, valendo-se de um inteligente itinerário passo a passo: a evolução do marketing; o que é marketing de serviços, seus conceitos fundamentais e aplicação de *cases*; o conceito de mídia e os tipos de mídia utilizados com mais frequência pelo marketing; como a mídia influencia a tomada de decisão do cliente; e as tendências do mercado para os próximos anos.

Nos seus diversos capítulos, o autor propõe questões e *cases* para aplicação na prática, o que mantém o leitor concentrado e ao mesmo tempo entretido durante a degustação da obra.

Nesse contexto, este livro tem o intuito de proporcionar aos profissionais de marketing, alunos, professores e gestores da área alguns desafios que os levem a alcançar os melhores resultados, tanto no âmbito acadêmico quanto no profissional.

Recomendo a leitura deste material não apenas para aqueles que atuam com o marketing ou fazem dele seu objeto de estudo, mas também para os profissionais que não têm contato direto com essa disciplina, para que eles aprendam sobre o assunto e, principalmente, para que identifiquem o elo existente entre a sua área e a de marketing.

Faça uma boa leitura e aproveite bem o conteúdo deste livro.

prefácio II

por Orlando Pessuti, ex-governador do Paraná

O livro *Caminhos do marketing: uma análise de vertentes mercadológicas* é mais uma obra de autoria do professor Achiles Batista Ferreira Junior, que evidencia, novamente, o seu talento como escritor e professor.

Na qualidade de conhecedor da trajetória profissional e pessoal do professor Achiles, fico honrado com a oportunidade de prefaciar este livro.

Ao abordar, de forma didática e objetiva, os principais conceitos e aplicações práticas do marketing por meio da transversalidade do tema e da sua evolução de maneira orientada, esta obra aproxima a sociedade das suas principais áreas de atuação: na apresentação de serviços, mercados e demais tendências futuras, incluindo o marketing público e o político. Cabe ressaltar que essas duas vertentes apresentam expressiva diferenciação de finalidade em relação às outras modalidades de marketing, pelo fato de não serem dirigidas ao consumidor propriamente dito, mas ao cidadão e à sociedade como um todo.

Neste livro, Achiles aborda também a importância do

marketing eleitoral, que, de forma sinérgica com o marketing político e de forma sistêmica com os meios de comunicação social, auxilia os integrantes da sociedade a formatar as suas escolhas de representatividade política.

Devido ao fato de abordar informações importantes sobre o marketing em diversos segmentos e a sua relação com a mídia, recomendo a leitura desta obra não só aos profissionais da área, mas também a todos os profissionais das demais áreas do conhecimento.

Desse modo, além de promover uma reflexão sobre o assunto, este livro, que é a oitava obra do autor, constitui também uma importante ferramenta para a elaboração e o aprimoramento do pensamento político, com o fortalecimento e a construção das bases da cidadania.

Boa leitura!

apresentação

Falar sobre a **mutação mercadológica** é definitivamente ativar a adrenalina; é lutar para que a criatividade atinja o seu máximo limite, com o objetivo de promover a inovação e a transformação constantes do mercado e, portanto, a sua adaptação; é considerar o impacto das mídias nas mudanças comportamentais das pessoas e da tecnologia em seu cotidiano, seja em função do novo perfil de consumidor que com ela surge, seja em virtude do uso de aplicativos para otimizar e facilitar cada vez mais a comunicação – a todo o momento, a mídia se faz presente nesses contextos.

A criatividade, da forma como a conhecemos hoje, precisa caminhar ao lado da inovação. Afinal, o fato é que o mercado está sempre se transformando, pois seus integrantes pretendem, continuamente, obter vantagens sobre os concorrentes e, assim, conquistar maiores fatias de mercado (o que não é proibido) e mais lucro para as marcas representadas por eles. Isso se torna possível, principalmente, pelo uso de dois dispositivos essenciais: a **mídia** e o **marketing**.

Nesse contexto, para melhor abordar esses assuntos e assim transformá-los em conhecimento, este livro organiza-se em cinco capítulos, cada um deles desenvolvido com a preocupação de fazer com que você, leitor, absorva da forma mais eficiente possível os principais caminhos do marketing.

No **Capítulo 1**, esclarecemos alguns conceitos de marketing, para que você possa compreender os elementos dessa área do conhecimento.

No **Capítulo 2**, abordamos o marketing de serviços, suas aplicações e seus exemplos em áreas ainda pouco exploradas nesse campo de estudo, como o marketing jurídico, o marketing magistral, o marketing notarial, o marketing público e o marketing político.

No **Capítulo 3**, passeamos pelo universo das mídias, com o objetivo de esclarecer melhor o significado desse termo que tanto influencia as nossas vidas e o nosso cotidiano.

No **Capítulo 4**, analisamos a influência da mídia na atualidade, destacando a mídia em números e a convergência de mídias.

Por fim, no **Capítulo 5**, encerramos o nosso estudo com uma análise das principais tendências de mercado para os próximos anos.

Se você é um entusiasta do marketing, ou se é um estudante que deseja conhecer a dinâmica desse campo de atuação, é interessante que tenha uma visão contemporânea sobre o papel e a importância da comunicação mercadológica. Acima de tudo, convém lembrarmos que a prática da comunicação de marketing sempre tentou equilibrar sua cobertura e por isso examina esse segmento sob os prismas da vantagem do consumidor e do profissional de marketing.

como aproveitar ao máximo este livro

Este livro traz alguns recursos que visam enriquecer o seu aprendizado, facilitar a compreensão dos conteúdos e tornar a leitura mais dinâmica. São ferramentas projetadas de acordo com a natureza dos temas que vamos examinar. Veja a seguir como esses recursos se encontram distribuídos no projeto gráfico da obra.

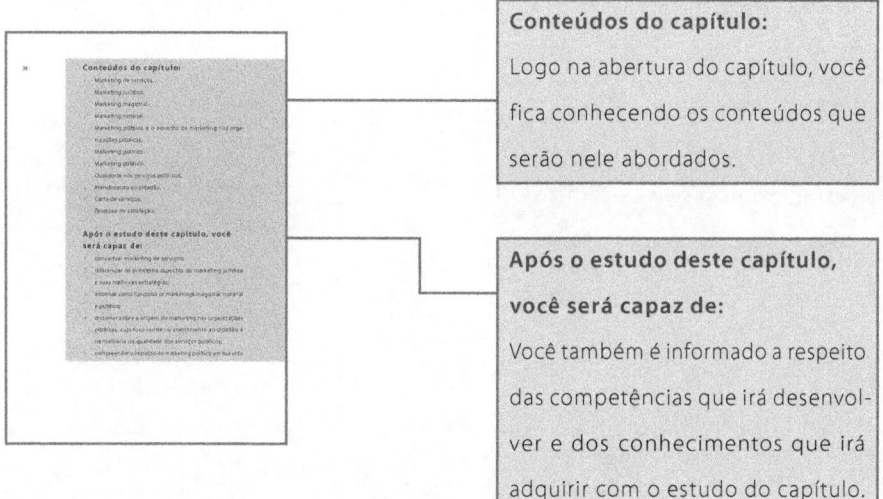

Conteúdos do capítulo:
Logo na abertura do capítulo, você fica conhecendo os conteúdos que serão nele abordados.

Após o estudo deste capítulo, você será capaz de:
Você também é informado a respeito das competências que irá desenvolver e dos conhecimentos que irá adquirir com o estudo do capítulo.

Para saber mais

Você pode consultar as obras indicadas nesta seção para aprofundar sua aprendizagem.

Estudo de caso

Esta seção traz ao seu conhecimento situações que vão aproximar os conteúdos estudados de sua prática profissional.

Para refletir

Nesta seção você dispõe de algumas reflexões dirigidas com base no conteúdo trabalhado no capítulo.

Você sabia?

Nestes boxes, você confere informações complementares e curiosidades a respeito do assunto que está sendo tratado.

Síntese

Você dispõe, ao final do capítulo, de uma síntese que traz os principais conceitos nele abordados.

Questões para revisão

Com estas atividades, você tem a possibilidade de rever os principais conceitos analisados. Ao final do livro, o autor disponibiliza as respostas às questões, a fim de que você possa verificar como está sua aprendizagem.

Questões para reflexão

Nesta seção, a proposta é levá-lo a refletir criticamente sobre alguns assuntos e trocar ideias e experiências com seus pares.

capítulo 1
entendendo o marketing

"Em um contexto social no qual a mudança é a única certeza, oportunidade, criatividade e iniciativa são as chaves do sucesso para qualquer pessoa ou organização, afinal, só atinge um resultado diferente aquele que ousa fazer algo diferente!"

Vanderleia Stece
Professora, Coach e Analista Comportamental

Conteúdos do capítulo:
» Conceito de marketing.
» Marketing e sua evolução.
» Os 4 Ps e os 4 Cs do composto de marketing.

Após o estudo deste capítulo, você será capaz de:
1. demonstrar a importância do marketing;
2. discorrer sobre a evolução do marketing, os 4 Ps e os 4 Cs do composto de marketing.

Vamos iniciar a nossa viagem pelo fantástico mundo do marketing pela definição de conceitos que serão de grande relevância para a compreensão do tema. Por isso, recomendamos que você realize a sua leitura com toda atenção e, sempre que possível, tente associar o assunto abordado a alguma situação do seu cotidiano – essa prática serve para solidificar os seus conhecimentos.

O que é marketing?

Comecemos esta discussão com o significado de marketing. Como sabemos, a palavra *marketing* tem origem na língua inglesa. Um dos primeiros a utilizar esse termo foi o professor Ralph Starr Butler (1882-1971), mais precisamente em 1910, em seu livro *Marketing Methods and Salesmanship* [Métodos de marketing e vendas], uma publicação subdividida em 3 partes, que tratavam dos temas:

1. métodos de marketing;
2. vendas;
3. gerenciamento de vendas.

Observe que, se retirarmos a terminação *"ing"*, que indica o gerúndio, da palavra marketing, o que resta é o radical *market*, que basicamente significa *mercado*. Segundo Tânia Limeira (2003, p. 14), a relação entre esses dois vocábulos não se restringe à etimologia, pois o primeiro desses termos "é utilizado para expressar a ação voltada para o Mercado". Sendo assim, a razão e o objetivo das ações de marketing é o **mercado**, entendido aqui como o conjunto de clientes que, além de contarem com uma renda disponível, manifestam uma necessidade específica que deverá, acima de qualquer coisa, ser atendida por uma organização ou por uma empresa, como afirmam Braga e Cirino da Silva (2013).

No que diz respeito à área de **gestão**, o conceito de marketing refere-se a uma série de funções, ferramentas e atividades que envolvem a concepção da ideia, a criação, o planejamento e o desenvolvimento de produtos ou serviços que têm como premissa básica satisfazer às necessidades de potenciais consumidores dos produtos ou serviços oferecidos – chamados comumente de *prospects*.

Agora que já discutimos o conceito de marketing, recomendamos que você compare as definições propostas nesta obra às de outros autores que considerar pertinentes. Isso possibilita que você exercite o conteúdo estudado. Além disso, fique sempre atento sobre o que a mídia veicula sobre marketing; essa é uma prática que pode fazer grande diferença na sua formação.

Evolução do marketing

O conceito de marketing é relativamente novo em nossa sociedade, visto que a sua evolução se deu no período pós-Segunda Guerra Mundial. Nessa época, com o final do conflito ainda recente, teve início uma forte competição empresarial para aquisição de novos mercados. Essa competição, aliás, foi tão acirrada que podemos mesmo dizer que os campos de batalha migraram da guerra entre países para a guerra entre grandes corporações. Isso demandava novos desafios, os quais impunham esforços para a obtenção de mais receitas e, consequentemente, de lucros.

Os produtos fabricados pelas organizações dessa época traziam embutidos em si **qualidade** e **preços relativamente competitivos**, mas faltava algo que os realmente direcionasse para o lado final da cadeia produtiva, ou seja, o **consumidor** ou **cliente**: era necessário **entendê-lo**, **satisfazê-lo** e até mesmo **antecipar os seus desejos**.

O mercado, nervoso, movia-se além dos seus limites de produção material para aproximar-se da esfera subjetiva do **cliente**, o qual foi colocado diante de uma quantidade enorme de ofertas e começou a sentir que podia decidir, que tinha **poder de escolha**. Não havia mais singularidade de produtos, mas, sim, multiplicidade de ofertas. Assim sendo, o vetor mudou do produto para o cliente, que começou a se sentir independente para decidir qual alternativa, entre as diversas existentes no mercado, proporcionaria a melhor relação custo/benefício.

Como essa decisão final sobre o que consumir migrou para as mãos dos clientes, as organizações tiveram de desenvolver métodos de pesquisa e de análise dos mercados onde atuavam.

Acrescente-se, ainda, que essas mesmas organizações, que atuavam globalmente, precisaram ser ágeis e adequar os seus produtos à nova visão de mercado, ou seja, **produzir para o cliente**, e não somente produzir.

Uma vez que passaram a visar aos clientes, as empresas – que antes dominavam seus processos produtivos – descobriram que não tinham experiência em comunicação de massa, ou seja, em anunciar ao seu potencial público as supostas vantagens de seus produtos em relação aos da concorrência. O cartum apresentado a seguir ilustra bem esse aspecto. Perceba que a maneira como o produto é oferecido vai se adequando a diferentes movimentos e momentos vividos pelo mercado. Esse esforço de adequação vai do produto com múltiplas funções a marcas que criam um envolvimento emocional com o seu consumidor.

Foi nesse "vácuo" que nasceu o marketing, ou seja, o agente empresarial que cria valor para o cliente, mas também estabelece uma vantagem competitiva duradoura por meio de uma gestão estratégica.

Nesse contexto, o **valor para o cliente** resulta de uma diferença entre os benefícios obtidos por meio do consumo de determinado produto e os custos com que o consumidor teve de arcar para adquiri-lo ou usá-lo. A **vantagem competitiva**, por sua vez, gera uma posição de mercado superior e duradoura para determinada empresa, obtida pela competência dominada pela organização detentora dessa vantagem e que não pode ser copiada pela concorrência.

O propósito de criar valor para o cliente acabou se tornando central para a definição de marketing.

Os 4 Ps do composto de marketing

Conceito desenvolvido por Jerome McCarthy, o **composto de marketing**, também conhecido como 4 Ps ou *mix de marketing*, é o conjunto de decisões e ações específicas da própria função de marketing que se divide em quatro variáveis:

1. produto;
2. preço;
3. promoção;
4. ponto de distribuição (ou praça).

As decisões que dizem respeito ao produto estão ligadas à capacidade de identificar oportunidades para o lançamento de produtos e serviços, adequá-los às necessidades e aos desejos dos clientes, criar estratégias e linhas de produtos e administrar seu ciclo de vida.

A determinação do preço, por sua vez, está vinculada à seleção de uma estratégia de mercado que se traduza em uma vantagem competitiva e única para cada produto ou para cada linha, com o objetivo final de maximizar o retorno para os **stakeholders**.

Quanto às decisões de promoção, implicam investimentos em estratégias e atividades de comunicação (marketing direto, relações públicas, propaganda, eventos, **publicidade**, entre outros) e de estímulo às vendas (descontos, brindes, sorteios, prêmios para o consumidor etc.).

As decisões ligadas aos pontos de distribuição, por fim, cumprem o intento de fazer com que o produto esteja disponível no lugar e no momento certos, para ser comercializado de modo eficiente. Isso engloba a escolha dos canais de venda e de distribuição. A meta final é que o cliente efetue a compra e satisfaça a sua necessidade.

> O termo *stake*, da língua inglesa, significa "interesse, participação, risco", e *holder* significa "aquele que possui". Sendo assim, a palavra *stakeholders* diz respeito às partes interessadas (pessoas ou organizações) que podem ser afetadas pelos projetos e processos de uma empresa (Bezerra, 2014).

> A publicidade pode ser definida como uma técnica de comunicação que tem por objetivo condicionar os clientes para o ato da compra. Para atingi-lo, fornece determinadas informações acerca de produtos ou serviços, com a finalidade de torná-los comercialmente mais atrativos (Publicidade, 2017).

Os 4 Cs do composto de marketing

Os 4 Ps do composto de marketing dizem respeito, como vimos, às decisões da empresa. Mas e as decisões do cliente? Foi pensando nelas que o professor estadunidense Robert F. Lauterborn, na década de 1980, empreendeu pesquisas dirigidas à implantação de um novo ambiente de negócios que adotasse uma abordagem diferente. Como resultado de suas investigações, propôs o que denominou como os 4 Cs *do marketing*: **cliente**, **custo**, **comunicação** e **conveniência**, entre os quais o primeiro item, ou seja, o *cliente*, é o foco.

De acordo com o conceito proposto por Lauterborn, cada P do composto de marketing tem um correspondente C, como podemos ver na Figura 1.1, a seguir.

Figura 1.1 – 4 Cs e 4 Ps do composto de marketing

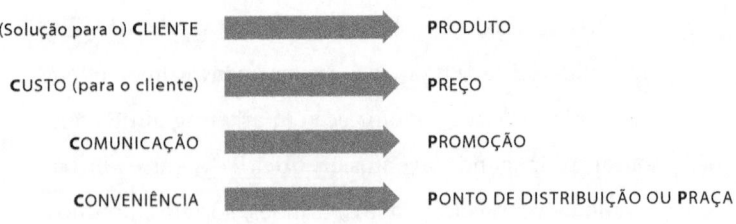

(Solução para o) CLIENTE	PRODUTO
CUSTO (para o cliente)	PREÇO
COMUNICAÇÃO	PROMOÇÃO
CONVENIÊNCIA	PONTO DE DISTRIBUIÇÃO OU PRAÇA

Uma vez que você tenha uma percepção clara dos conceitos e da aplicabilidade do composto de marketing no mercado, verá que é mais do que fundamental empregá-lo no seu dia a dia, seja como comprador, seja como vendedor. Trata-se de um treino que fará grande diferença em sua capacitação profissional.

Para saber mais

É importante que esteja claro para você o que é marketing e como ele interage com o produto e/ou serviço e o cliente e/ou consumidor, qual a sua abrangência, seus reflexos e sua atuação. Sobre esses assuntos, recomendamos a leitura do artigo:

MATTAR, F. N. S.I.M: Sistemas de informação de marketing. **Revista Mercado Global**, São Paulo, ano 13, n. 67, p. 24-25, mar./abr. 1986. Disponível em: <http://www.fauze.com.br/DOCUMENTOS/SIM.pdf>. Acesso em: 18 set. 2017.

Para auxiliá-lo em seu processo de assimilação do conteúdo visto até o momento, apresentamos, a seguir, um estudo de caso que exemplifica o que vimos até agora de forma bastante clara.

Estudo de caso

Quando a Buick lançou o seu utilitário esportivo (SUV – *sports utility vehicle*) Rainier, ela precisava de um programa de comunicação de marketing que gerasse a conscientização para o Rainier e melhorasse a imagem do nome Buick. Essas tarefas foram realizadas com um programa integrado que combinava propaganda on-line e na televisão, juntamente com promoções de vendas atrativas. O trabalho foi facilitado com a contratação de Tiger Woods como endossante da linha de veículos Buick. Uma série de filmes de cinco minutos de duração apresentando este famoso jogador de golfe foi disponibilizada no site da Buick (<http://www.buick.com/>). Com um comercial de 30 segundos, amplamente veiculado na rede e nas estações de TV a cabo, a Buick estimulava os consumidores a visitarem o seu site. Os visitantes do site podiam entrar em um concurso que concedia aos vencedores a oportunidade de jogar uma partida de golfe com Tiger Woods e de ganhar um veículo Rainier. Apenas dois meses após o início desse programa, dois milhões de visitantes individuais entraram no site da Buick, a conscientização do SUV Rainier aumentou em 70% e percepções positivas da Buick subiram em 122%.

Fonte: Shimp, 2009, p. 24.

Síntese

Neste capítulo, tratamos de alguns conceitos fundamentais para a compreensão do marketing e sua evolução. Tomando como ponto de partida a própria origem etimológica desse vocábulo de língua inglesa, o qual se refere a ações e recursos que têm como objetivo favorecer o mercado mediante atividades que buscam a satisfação plena do consumidor, discutimos como o conceito evoluiu ao longo do século XX, principalmente no período que se seguiu à Segunda Guerra Mundial. Vimos que o empenho de criar valor para o cliente tornou-se fundamental para a prática do marketing. Tendo tal premissa em mente, analisamos o composto de marketing e suas variáveis, conhecidas como *os 4 Ps* ou *mix de marketing* (produto, preço, promoção e ponto de distribuição), que dizem respeito a decisões e ações específicas a serem tomadas pela empresa para que se construa uma boa estratégia de mercado. Ocupamo-nos, também, dos chamados *4 Cs do marketing* (cliente, custo, comunicação e conveniência), que tomam o consumidor como foco de atenção. O estudo do capítulo, portanto, tornou possível identificar as principais motivações que impulsionam o processo de compra, tanto do ponto de vista do comprador (consumidor) quanto do vendedor.

Questões para revisão

1. Explique no que consiste cada uma das variáveis dos 4 Ps do composto de marketing.

2. Defina com suas próprias palavras o que é marketing.

3. O profissional da área de marketing deve observar com atenção todos os conceitos e definições que dizem respeito à área de marketing, uma vez que estão interligados e expressam o fenômeno mercadológico em suas diversas abrangências e direcionamentos. Nesse contexto, as atividades mais envolvidas com a entrega do produto/serviço são as relacionadas:
   a. à praça.
   b. à oferta e à demanda.
   c. ao *branding*.
   d. à autorrealização.
   e. Nenhuma das alternativas anteriores.

4. As decisões que sinalizam os investimentos em estratégias e atividades de comunicação (marketing direto, relações públicas, propaganda, eventos, publicidade, entre outros) e estratégias de vendas (descontos, brindes, sorteios, prêmios para o consumidor etc.) referem-se à(ao):
   a. preço.
   b. praça.
   c. promoção.
   d. serviço.
   e. Nenhuma das alternativas anteriores.

5. O item do *mix* de marketing que diz respeito à seleção de uma estratégia de precificação que traduza uma vantagem competitiva e única para cada produto – ou para cada linha dele –, com o objetivo final de maximizar o seu retorno para os *stakeholders*, diz respeito à(ao):

a. produto.
b. promoção.
c. marca.
d. preço.
e. Nenhuma das alternativas anteriores.

Questões para reflexão

1. Relate o processo mercadológico do local onde você trabalha e compare-o com a abordagem descrita neste capítulo.

2. Na sua opinião, quais são os segmentos que mais utilizam as ferramentas de marketing?

capítulo 2
marketing de serviços

"Obter conhecimentos sobre áreas e tendências de marketing é fundamental para todas as profissões. Se na sua área de atuação você possui clientes, então esse capítulo vai lhe auxiliar muito a entender o seu mercado e como melhorar sua atuação."

Mauro Moreira de Souza
Microempresário de Comunicação & Vendas

Conteúdos do capítulo:

- » Marketing de serviços.
- » Marketing jurídico.
- » Marketing magistral.
- » Marketing notarial.
- » Marketing público e o advento do marketing nas organizações públicas.
- » Marketing político.
- » Marketing público.
- » Qualidade nos serviços públicos.
- » Atendimento ao cidadão.
- » Carta de serviços.
- » Pesquisa de satisfação.

Após o estudo deste capítulo, você será capaz de:

1. conceituar marketing de serviços;
2. diferenciar os principais aspectos do marketing jurídico e suas melhores estratégias;
3. informar como funcionam os marketings magistral, notarial e público;
4. discorrer sobre a origem do marketing nas organizações públicas, cujo foco reside no atendimento ao cidadão e na melhoria da qualidade dos serviços públicos;
5. compreender o impacto do marketing político em sua vida.

A partir deste capítulo, o conteúdo passará a ter um direcionamento voltado principalmente a situações que, por vezes, são de difícil assimilação. Tal dificuldade com frequência ocorre unicamente por não termos acesso a informações que nos permitiriam ter uma ideia mais clara dos aspectos envolvidos e, em consequência disso, acabamos não lhes dando a devida atenção. Tendo isso em mente, nosso maior objetivo neste capítulo será estudar o principal tema desta obra: os aspectos públicos do marketing, particularmente no que diz respeito ao **atendimento**. Sem perder de vista tal preocupação, nosso tema central envolverá mais detidamente o marketing de serviços.

Conceito de marketing de serviços

No tocante à prestação de serviços, o mercado vem se tornando mais disputado e, consequentemente, mais agressivo, o que impõe às empresas que atuam nesse setor a necessidade de um aperfeiçoamento constante, pois tal competitividade acirrada "força-as" a prestar um atendimento de excelência ao cliente. Verifica-se, então, cada vez mais, o predomínio de uma visão dirigida ao consumidor, que por sua vez torna-se mais exigente, dia após dia.

Kotler, Hayes e Bloom (2002, p. 25) afirmam, acerca das atividades de prestação de serviços e daqueles que as exercem, que:

Os serviços profissionais são intangíveis, indivisíveis, variáveis e perecíveis. Os prestadores de serviços profissionais enfrentam problemas diferentes dos enfrentados por outros tipos de organização de serviços e têm de lidar com os elevados graus de indecisão dos clientes, com as limitações de diferenciação, com os problemas de controle da qualidade e com os diversos outros obstáculos, para montar programas de marketing bem-sucedidos.

O conceito mais amplamente difundido na área do marketing de serviços é o que o trata como um conjunto de ações cujo objetivo é alavancar as captações do seu setor de atuação, recorrendo para isso à análise e ao planejamento com vistas à implementação e ao controle de programas dedicados prioritariamente aos clientes, visando à lucratividade e à qualidade dos produtos oferecidos e dos serviços prestados.

O **marketing de serviços** é, portanto, todo trabalho que envolve o setor de vendas, cujo objetivo é encantar o cliente, de modo a diferenciar positivamente o atendimento de determinada empresa em relação ao que é prestados pelos concorrentes. Nesse sentido, essa modalidade de marketing é implantada e desenvolvida nas empresas para que todos os setores, em todas as fases do processo e em todas as áreas de atuação, trabalhem integrados, de maneira que seja possível mensurar os resultados obtidos sob o aspecto financeiro e até mesmo determinar o volume de crescimento da marca.

Nas subseções a seguir, discutiremos um pouco mais detalhadamente os 8 Ps que devem ser observados no marketing de serviços, os quais oferecem a base para o nosso conhecimento sobre o assunto em questão.

Produto

Pensar em produto é de suma importância, ainda que, neste caso, o produto tenha as características de um **serviço**. Não se trata, portanto, de um produto físico, mas de algo abstrato, intangível, como é a natureza de um serviço prestado. A definição de qual produto tem de ser entregue quando um serviço é contratado constitui o cerne do processo – pense em um dentista, médico ou ferreiro: os três prestam serviços, cada um na sua área de atuação. Do ponto de vista prático, no entanto, a finalidade dos produtos e a dos serviços prestados por todos eles é praticamente a mesma: **satisfazer as necessidades do consumidor**, gerando-se com isso muito mais que satisfação – também há o aumento do valor e do envolvimento entre o cliente e a marca em questão. Sempre convém reiterar que o ideal está na compreensão de que, no segmento de prestação de serviços, o produto é considerado algo abstrato e intangível.

Preço

Quando tratamos de **precificação**, que diz respeito à definição do valor que será cobrado pelo produto ou serviço, a percepção que temos de cada um deles é bem diferente.

No caso do produto, basicamente somam-se os custos fixos, os custos variáveis e o percentual de lucro. O serviço, por outro lado, apresenta outras características que podem afetar a formação de seu preço, como: intangibilidade, perecibilidade, variabilidade e simultaneidade, as quais, dependendo do segmento, serão repassadas para o consumidor de uma forma mais ou menos intensa.

Segundo André Luiz Lage (2012), é importante também atentarmos ao tipo de demanda de cada mercado, que pode ser **elástica** ou **inelástica**. A elasticidade do preço da demanda "mede o quanto a quantidade demandada muda devido a uma alteração nos preços. Se a curva de demanda é elástica, [a] receita total cai quando o preço aumenta. Se a curva de demanda é inelástica, [a] receita total aumenta quando o preço aumenta" (Lage, 2012).

A comparação entre os preços de serviços prestados por diferentes empreendimentos também é complexa e, por isso, precisa ser feita de forma minuciosa e com a devida atenção que cada mercado exige e necessita.

Praça

O termo *praça*, na acepção que aqui nos interessa, refere-se a uma comunidade comercial e financeira e, portanto, diz respeito à forma como o produto ou serviço será distribuído, aos locais que serão utilizados como pontos de venda e ao modo como será feito o deslocamento dos produtos até esses locais. A **logística** envolvida nesse processo quase sempre impacta a distribuição de custos fixos.

Quanto ao marketing de serviços, a disponibilização destes deve ser pensada desde o início do processo de lançamento e ser vista como pré-requisito, para que a empresa se posicione de forma eficiente no momento em que o cliente dela necessite.

Convém lembrar que, conforme já explicamos anteriormente, trata-se de algo intangível e, sendo assim, não existe a possibilidade de se estocar serviços.

Promoção

A promoção trata diretamente da comunicação com o cliente. No que se refere a serviços, ela é considerada muito mais pessoal, feita de uma forma mais interativa, na qual predominam as indicações pessoais – no segmento de serviços, tais recomendações são responsáveis por boa parcela da concretização de negócios, na qual se incluem a venda pessoal e o marketing boca a boca.

> O marketing [...] **boca a boca** consiste em reunir voluntários e pedir-lhes que experimentem determinados produtos. Em seguida, essas pessoas são enviadas para lugares diversos com a missão de falar sobre a experiência que tiveram com os produtos experimentados às pessoas com quem se relacionam diariamente. Quanto mais as pessoas veem um determinado produto [ser] utilizado em público, ou quanto mais ouvem a seu respeito por parte de pessoas conhecidas e em quem confiam, maior é a probabilidade de que venham a comprá-lo.
>
> Fonte: O que é..., 2005.

Pessoas

No contexto abordado nesta obra, pessoas são todos os envolvidos na prestação de um serviço. No caso de serviços, aliás, trata-se de algo diferente do observado em produtos, uma vez que a sua matéria-prima básica é a própria mão de obra (Sebrae, 2017a).

Nesse sentido, a capacitação, o treinamento e a formação de uma mentalidade voltada a um eficiente atendimento aos clientes são atividades que devem fazer parte das ações de qualquer instituição que trabalhe com o marketing de serviços de forma eficaz e envolver todos os seus participantes.

Processos

Os processos constituem um dos aspectos mais relevantes a serem levados em consideração na gestão moderna, pois englobam todos os fluxos de trabalho existentes, incluindo metodologias e práticas que serão utilizadas na prestação de serviços em si.

É fundamental, nesse sentido, que o profissional de gestão conheça todos os processos existentes na empresa onde trabalha, pois só assim tomará as melhores decisões estratégicas em relação à prestação de serviços, o que obviamente exercerá impacto positivo sobre a satisfação do cliente.

Produtividade e qualidade

A produtividade e a qualidade são os fatores mais determinantes para o sucesso ou o fracasso de um negócio, e isso independe do segmento de atuação da empresa. Sabendo disso, é coerente afirmarmos que toda atenção deve ser considerada pouca no que diz respeito ao marketing de serviços.

Para que a produtividade se efetive, é crucial que todos os envolvidos no negócio estejam alinhados com os objetivos da instituição, particularmente aqueles que dizem respeito ao seu propósito maior, que já mencionamos reiteradamente até este momento: **atender o cliente de forma exemplar e satisfatória**. É sempre importante ter em mente que ele, o cliente, é o verdadeiro patrão: é quem paga os salários da equipe, mas pode, a qualquer momento, decidir aplicar seus recursos financeiros na concorrência, caso isso lhe pareça mais atraente ou vantajoso.

Perfil (evidências físicas)

No segmento de serviços, é sempre necessário evidenciar a qualidade do atendimento prestado pela organização, inclusive como forma de diferenciá-la no mercado. Podemos considerar como evidências físicas do cuidado de uma empresa com a qualidade dos serviços por ela prestados os elementos que integram sua organização, como a estrutura do local onde ela está sediada, sua mídia externa, a organização do exterior/interior do estabelecimento, o *design* e a decoração dos espaços internos, a sinalização adotada para facilitar o trânsito de clientes e de membros da equipe, o projeto paisagístico, a distribuição espacial do ambiente no qual as pessoas circulam e os equipamentos usados para servir o cliente. Podemos tomar como exemplo uma clínica odontológica especializada em atendimento infantil: itens como decoração adequada ao público alvo (as crianças); temperatura do ar; padronização dos cartões de visita, da papelaria e dos uniformes dos funcionários; além dos equipamentos utilizados no tratamento em si, são alguns dos elementos que evidenciam a qualidade do serviço.

Marketing jurídico

O formalismo e a seriedade são traços fortemente associados à atividade jurídica desde a implantação dos primeiros cursos de direito em território brasileiro, ainda no período imperial. Embora, mesmo com o passar do tempo, essas características tivessem persistido como inerentes àqueles que exercem a atividade jurídica, o acirramento da competitividade, como acontece em qualquer setor do mercado, fez com que também os profissionais do direito passassem a necessitar de algo que os diferenciasse dos demais, que os destacasse entre tantos escritórios de advocacia existentes.

> **As escolas de Recife e São Paulo: primeiros cursos de direito no Brasil**
>
> Na América portuguesa colonial não havia a necessidade de formação de administradores ou mesmo de juristas, pois seus quadros político-administrativos eram preparados na Universidade de Coimbra. Do Reino vinham as leis, as instituições administrativas e os funcionários grados. Diferente, no entanto, seria a situação do país liberto, que passaria a exigir dirigentes e legisladores com nova mentalidade, adequada às demandas da nação autônoma em construção. É nesse contexto que deve ser entendida a aprovação do projeto de 31 de agosto de 1826, transformado em lei imperial em 11 de agosto de 1827, que criou as Escolas de Direito de São Paulo e de Olinda, esta última posteriormente transferida para Recife.

> [...] Ao longo do Império, e mesmo no início do período republicano, [essas instituições] transformaram-se em centros aglutinadores das humanidades, preparando e formando as primeiras gerações de pensadores brasileiros e até de poetas e de literatos. Pode-se afirmar, portanto, que aos cursos de direito, para onde afluíam os filhos das elites rurais, foi atribuída a missão de formar bacharéis aptos a assumir o papel de dirigentes responsáveis pelos destinos do país, e, também, de preparar intelectuais capazes de refletir e formular projetos para a nação.
>
> Fonte: Rago; Vieira, 2017.

Num mercado altamente disputado, como é o atual, o marketing de serviços aplica-se também ao setor jurídico, uma vez que há necessidade mercadológica para isso – a qual, nesse caso em particular, diz respeito à missão de criar um diferencial entre os escritórios de advocacia. Em tal campo de atuação, uma das principais incumbências cabe ao marketing de relacionamento, ao qual compete destacar a relação entre o advogado e seus clientes e apontar caminhos para aprimorar cada vez mais o desenvolvimento dessa relação; um passo importante para propiciar a fidelização do cliente e gerar novas oportunidades.

A Figura 2.1, a seguir, ilustra as etapas seguidas pelo marketing jurídico.

Figura 2.1 – Etapas do marketing jurídico

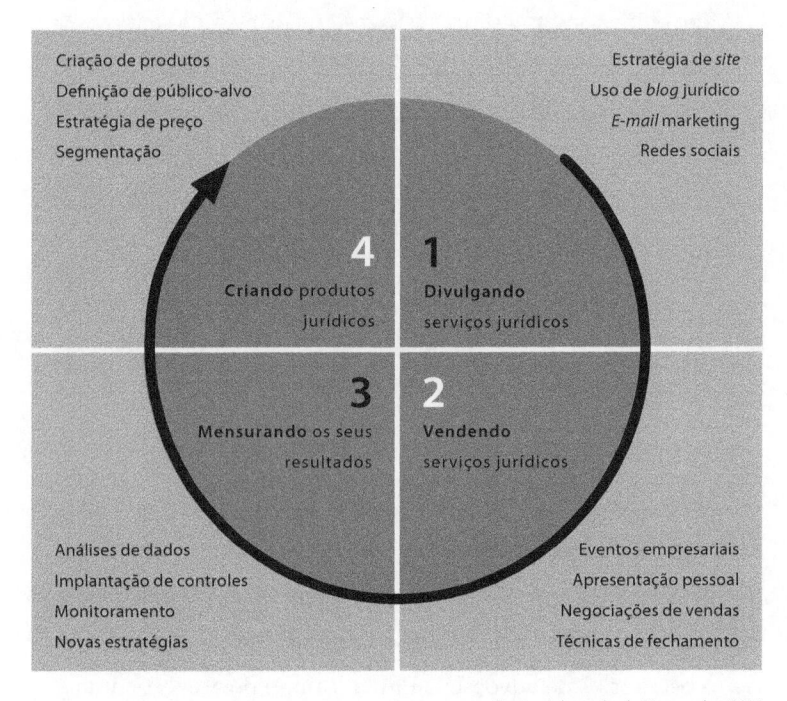

Criação de produtos
Definição de público-alvo
Estratégia de preço
Segmentação

Estratégia de *site*
Uso de *blog* jurídico
E-mail marketing
Redes sociais

4 Criando produtos jurídicos

1 Divulgando serviços jurídicos

3 Mensurando os seus resultados

2 Vendendo serviços jurídicos

Análises de dados
Implantação de controles
Monitoramento
Novas estratégias

Eventos empresariais
Apresentação pessoal
Negociações de vendas
Técnicas de fechamento

Fonte: Adaptado de Hernandes, 2017.

É necessário, em primeiro lugar, levar em conta que o marketing jurídico apresenta algumas especificidades decorrentes de certos aspectos inerentes às leis e normas que regem a atividade da advocacia. O Código de Ética e Disciplina (CED) da Ordem dos Advogados do Brasil (OAB), o Estatuto da Advocacia e os Provimentos do Conselho Federal, segundo Pedlowski (2017), "regram o exercício da advocacia apresentando vários limitadores na publicidade e propaganda das atividades exercidas". Esse obstáculo de fundamentação normativa envolve itens que necessitam de uma atenção redobrada. Se os analisarmos pelo viés mercadológico habitual, pode haver certa confusão, entre os publicitários, sobretudo no que diz respeito aos critérios habitualmente considerados para a escolha de fontes ou cores na elaboração de logotipo, marca e *layout* a serem utilizados pelo escritório de advocacia, em especial. Isso porque o segmento jurídico contraria o modelo que estamos acostumados a observar no mercado tradicional, e por isso exige um tom mais sóbrio e austero.

Para saber mais

Conheça o CED da OAB na íntegra em:

OAB – Ordem dos Advogados do Brasil. Resolução n. 2, de 19 de outubro de 2015. Ordem dos Advogados do Brasil – OAB. **Diário Oficial da União**, Brasília, DF, 4 nov. 2015. Disponível em: <http://www.oab.org.br/arquivos/resolucao-n-022015-ced-2030601765.pdf>. Acesso em: 18 set. 2017.

Para aprender um pouco mais sobre marketing jurídico e fidelização de clientes, vale a pena ler o artigo de Daniela Trolesi, indicado a seguir:

TROLESI, D. D. Marketing jurídico: influências das normas da Ordem dos Advogados do Brasil (OAB) na estruturação de estratégias de fidelização mercadológica para escritórios de advocacia. In: COLÓQUIO INTERNACIONAL SOBRE A ESCOLA LATINO-AMERICANA DE COMUNICAÇÃO, 9., 2005, São Bernardo do Campo. **Anais**... Encipecom: [s.l.], 2005. Disponível em: <http://encipecom.metodista.br/mediawiki/images/9/97/GT4_-_015.pdf>. Acesso em: 18 set. 2017.

Alguns profissionais mais tradicionais – pessoas inflexíveis e avessas a mudanças – enfatizam que o marketing jurídico é vedado pelo código de ética de sua profissão, além de desnecessário e muito dispendioso para o escritório. Mas isso, como veremos, não passa de um grande engano.

É bastante comum que escritórios de advocacia façam uso de ferramentas disponibilizadas por outras áreas do conhecimento, como o planejamento estratégico ou a gestão de negócios e de pessoas. Perceba que o ciclo do marketing jurídico não está muito distante do que se entende por **planejamento estratégico**, isto é, o ato de elaborar planos com vistas a alcançar determinados objetivos. Afinal, monitorar o mercado, seja ele qual for, para acompanhar seu crescimento é de fato imprescindível para gestores de quaisquer atividades. Nesse sentido, ferramentas de marketing são utilizadas em praticamente todas as empresas que desenvolvem produtos ou que prestam serviços.

Além disso, quando pensamos em marketing jurídico, é necessário levarmos em conta que, atualmente, o Brasil conta com cerca de 1 milhão de advogados inscritos na OAB (Total..., 2016). Há, portanto, uma grande concorrência nesse setor, e por isso o uso de ferramentas mercadológicas se faz mais do que necessário. Podemos facilmente inferir, com base nesses dados, que se trata de um mercado com uma quantidade considerável de *players*, isto é, de empresas que lideram o mercado no qual estão inseridas, as quais necessitam destacar-se nas suas respectivas especialidades, posicionar-se na sua área de atuação e ser lembradas principalmente pela qualidade do serviço prestado.

Vários profissionais e outras pessoas envolvidas na área do direito, porém, acreditam – e assim afirmam – que a única ferramenta do marketing é a publicidade. No entanto, existe um vasto mundo de estratégias de marketing que podem ser utilizadas por escritórios de advocacia, como o *customer relationship management* **(CRM)** – ou gestão de relacionamento com o cliente, em português –, o qual, de acordo com o Gartner Group (citado por Wenningkamp, 2009), é uma ferramenta "voltada ao entendimento e antecipação das necessidades e potenciais de uma empresa".

A Figura 2.2, a seguir, oferece um exemplo de *software* de CRM que pode ser usado para aprimorar o relacionamento com o cliente. Trata-se de um recurso que permite acesso fácil à informação e manuseio preciso e coerente das necessidades existentes no escritório de advocacia, como o cadastro de pessoas (para evitar a duplicidade cadastral), do perfil dos clientes, da área de atuação, do tipo de causa, da identificação e seleção de clientes, de profissionais, de fornecedores, entre outros dados importantes. Em síntese, essa ferramenta auxilia e otimiza o manuseio das informações.

> Segundo Wenningkamp (2009), CRM "é um termo usado para o gerenciamento do relacionamento com o cliente ou ainda um sistema integrado de gestão com foco no cliente, que reúne vários processos/ tarefas de uma forma organizada e integrada".

Figura 2.2 – Exemplo de ferramenta de CRM (ProJurid Prime 3.0)

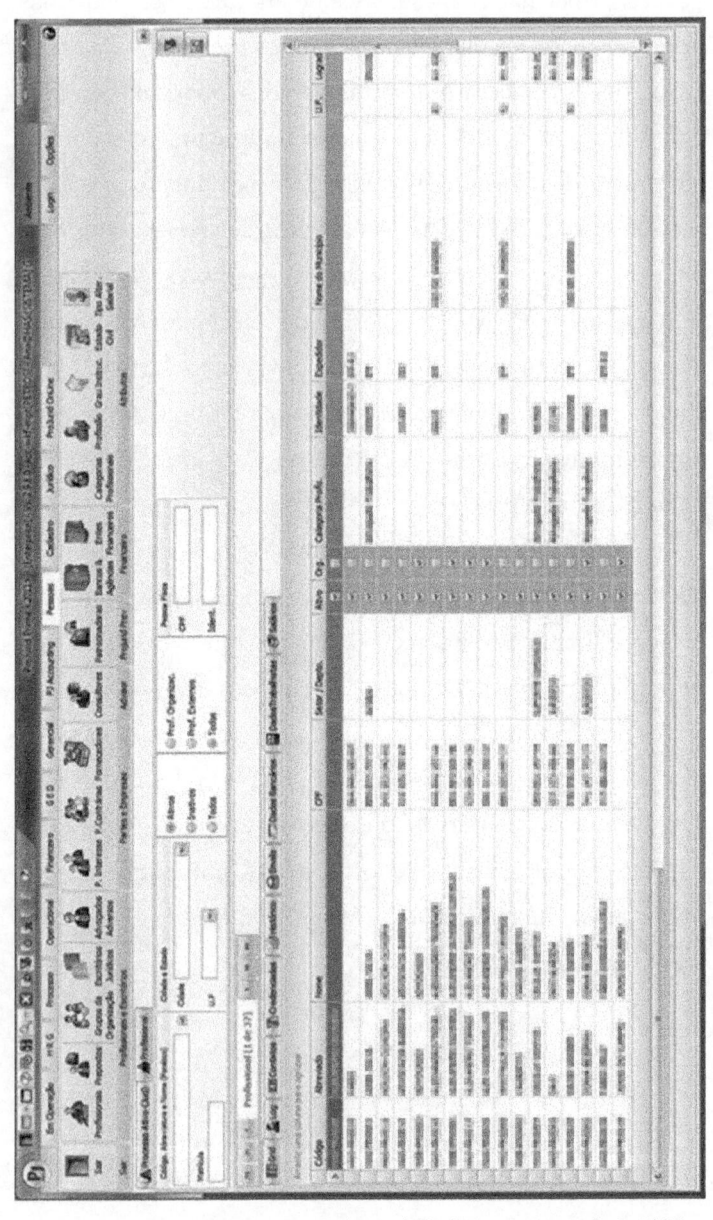

Cadastro de Profissionais sistema ProJurid Prime

Ainda no que diz respeito ao relacionamento no setor jurídico, para Bertozzi e Selem (citados por Ramos, 2014, p. 22):

> O advogado moderno precisa criar uma rede de relacionamentos com os clientes externos (ativos, inativos e de prospecção), internos (sócios, advogados, estagiários e administrativos) e no judiciário a ponto de ser percebido, respeitado e contratado baseado nos bons serviços e na sua reputação construída com trabalho e esforço supremo.

Para saber mais

Para obter mais informações a respeito desse tema, convido você a pesquisar sobre o fantástico campo de atuação do marketing jurídico mediante a leitura do artigo *Parcerias como estratégia de marketing jurídico*, de autoria de Ari Lima Júnior, que pode ser acessado no *link* a seguir. Esse texto trata de uma tendência crescente no mercado, a parceria como estratégia de marketing, com uma abordagem super funcional e contemporânea. Sem dúvida, essa leitura vai estimular ainda mais o seu interesse sobre o assunto.

LIMA JÚNIOR, A. **Parcerias como estratégia de marketing jurídico**. Disponível em: <http://www.egov.ufsc.br/portal/sites/default/files/anexos/28612-28630-1-PB.pdf>. Acesso em: 18 set. 2017.

Vários pesquisadores, professores e entusiastas das áreas de gestão e comunicação têm caracterizado as estratégias mercadológicas aplicadas à área do direito – mais precisamente as utilizadas por escritórios de advocacia – como *marketing jurídico*. Essa postura tem o propósito de demonstrar a possibilidade de fidelizar a clientela dos profissionais que atuam nesse campo mediante o apoio de um bom CRM para, desse modo, aumentar sua lucratividade sem atentar contra a legislação que regulamenta o exercício da profissão e ao mesmo tempo gerar satisfação aos clientes.

Por outro lado, a implementação do marketing jurídico em escritórios de advocacia desperta certo receio por parte de inúmeros advogados e outros profissionais envolvidos com a atividade jurídica. Em resposta a tais temores, Ana Beatriz Ferreira (2017, grifo do original) esclarece que:

> *De acordo com o Código de Ética e Disciplina da OAB, por exemplo, existem restrições expressas a determinados tipos de atividades publicitárias e comerciais. Quando planejado de acordo com este regimento, entretanto, o **Marketing Jurídico** não se enquadra na categoria de má conduta. Muito pelo contrário, torna-se uma ferramenta importante para a projeção de um escritório.*

Um meio de fazer com que esses profissionais sintam-se mais seguros em relação a esse tema é recomendar-lhes algumas dicas básicas, porém muito importantes, que devem sempre ser levadas em conta:

» usar sempre o bom senso ao seguir a regulamentação do CED da OAB;
» cuidar para não passar uma imagem de "varejão", nem sair "atirando para todos os lados";
» adequar a estratégia de marketing aos objetivos do negócio – por exemplo, definir quantos clientes deverão ser conquistados e fidelizados no corrente ano;

- » segmentar **geograficamente** a área de atuação;
- » identificar a especialidade e o tipo de cliente que se pretende atingir (pessoa física, jurídica ou ambas);
- » investir na própria imagem e na de todos os colaboradores do escritório;
- » desenvolver um *site* adequado, dialógico e responsivo;
- » tomar cuidado com postagens nas redes sociais (como bem disse Anderson (2006, p. 96), "as formigas têm megafones", isto é, a nossa liberdade de expressão tem enorme alcance e impacto, pois atualmente as pessoas se baseiam muito no que as demais falam);
- » participar de reuniões de classe e eventos (ter uma vida social no meio e marcar presença, principalmente em eventos da OAB);
- » manter relacionamento com os clientes antigos;
- » fazer trabalhos voluntários (se isso fizer bem à sua alma, o resto fluirá).

> "A segmentação geográfica requer a divisão do mercado em diferentes unidades geográficas, como: Nações; Estados; Regiões; [...] Cidades ou Bairros." (Gomes Junior, 2009).

Para saber mais

Se você é advogado e ainda não tem um *site*, uma boa opção é fazer o cadastro no Google Meu Negócio, uma ferramenta que permite que os dados do seu escritório apareçam nos resultados de pesquisa do Google. A inscrição é gratuita e rápida, basta ter uma conta (*e-mail*) do Google e informar que você é o proprietário da empresa. Saiba mais em:

GOOGLE MEU NEGÓCIO. Disponível em: <https://www.google.com.br/business/>. Acesso em: 18 set. 2017.

Estratégias de marketing jurídico

A escolha das mídias e dos veículos publicitários é uma das decisões mais importantes e complexas de toda a comunicação de marketing, e isso vale principalmente para o marketing jurídico, que não dispõe de plena liberdade para adotar qualquer tipo de estratégia. Num contexto como esse, o planejamento de mídia deve coordenar os objetivos mercadológicos do escritório com outros aspectos da estratégia publicitária.

Sem perder de vista essas premissas, os aspectos estratégicos do planejamento de mídia envolvem basicamente quatro etapas:

1. definir o público-alvo (*target*) para o qual todos os esforços de marketing serão direcionados;
2. especificar os objetivos finais das mídias, que geralmente são declarados em termos de alcance, frequência, pontos de audiência bruta e pontos de audiência real (no caso do mercado jurídico, deve-se levar em consideração o **CED** da OAB);
3. selecionar as categorias gerais e os veículos específicos de cada mídia, dentro das possibilidades permitidas pelo CED da OAB, no que diz respeito à publicidade jurídica;
4. comprar as mídias ou adquirir um sistema de banco de dados condizente com as determinações do CED da OAB.

Para desmistificar esse assunto, é válido salientar que o Provimento n. 94, de 5 de setembro de 2000, da OAB, que diz

> Sobre esse assunto, ver Capítulo VIII, "Da publicidade profissional", do CED da OAB (2015).

respeito à publicidade, propaganda e informação da advocacia, posteriormente regulamentou o referido tema. O art. 1º desse provimento dispõe que:

> Art. 1º É permitida a publicidade informativa do advogado e da sociedade de advogados, contanto que se limite a levar ao conhecimento do público em geral, ou da clientela, em particular, dados objetivos e verdadeiros a respeito dos serviços de advocacia que se propõe a prestar, observadas as normas do Código de Ética e Disciplina e as deste Provimento. (OAB, 2000)

Sabedor de que a distinção que essa norma implica poderia deixar margem a dúvidas, Rafael Costa (2015) listou algumas orientações extraídas do CED da OAB, do Provimento n. 94/2000 e do histórico de julgados dos Tribunais de Ética e Disciplina (TED) das seccionais da OAB quanto ao que pode e o que não pode ser feito no marketing jurídico.

Entre as permissões, estão: divulgação, por meio de anúncios, de *site* pessoal do advogado; anúncios contendo dados do advogado ou da sociedade de advogados (nome, registro na OAB, horário de atendimento, endereço eletrônico); utilização de logotipos compatíveis com a área; participação em página de cadastro de profissionais. Das proibições, destacamos: publicidade em televisão ou rádio ou em locais como clubes esportivos; divulgação ao lado de promoções; utilização de nomes fantasia.

> **Para saber mais**
>
> Para que você fique por dentro das estratégias de marketing jurídico sem perder de vista as questões éticas envolvidas nessa atividade, de modo a identificar as oportunidades oferecidas por esse segmento que ainda segue carente de boas assessorias de comunicação, tomamos a liberdade de indicar o artigo "Marketing jurídico: ética e estratégia unidas para o crescimento", de Simone Garrafiel. Trata-se de uma boa leitura complementar sobre esse tema.
>
> GARRAFIEL, S. Marketing jurídico: ética e estratégia unidas para o crescimento. **Selem Bertozzi Consultoria**. Disponível em: <https://www.estrategianaadvocacia.com.br/artigos2.asp?id=327#.WMwIKoXXLIW>. Acesso em: 18 set. 2017.

Como vimos ao longo desta seção, existem regras que norteiam esse mercado tão específico que é o da advocacia. Tais regras por certo impõem um padrão, porém cabe ao profissional de marketing adequar seus conhecimentos a elas e, dentro dos limites estabelecidos pela ética profissional de seus clientes, usar sua criatividade e adotar ações inovadoras que possibilitem prestar serviços de qualidade a esse segmento.

Marketing magistral

Existe um velho ditado popular que diz que a propaganda é a alma do negócio. Certamente você já escutou ou proferiu essa frase que, por mais que o tempo passe e os hábitos se transformem, continua sempre verdadeira. Afinal, como vimos até o momento, todo mercado é competitivo, e uma boa estratégia publicitária, somada a ações de marketing eficientes são essenciais para o estabelecimento de qualquer empresa que almeje conquistar seu espaço.

Mesmo quando se trata de um mercado bem específico, como o das farmácias de manipulação, não é diferente: de modo geral, o objetivo principal do **marketing magistral**, como denominamos o conjunto das estratégias mercadológicas aplicadas a esse campo de atividades, é tornar o estabelecimento conhecido pelo seu público-alvo. Isso é particularmente importante num ramo cuja característica distintiva é produzir medicamentos específicos para cada consumidor.

> **Você sabia?**
>
> Os medicamentos são classificados em oficinais, especializados e magistrais. Os **oficinais** são aqueles cuja formulação é encontrada nas monografias das farmacopeias (livros que registram os medicamentos existentes), com qualidades bem definidas. Os **especializados**, por sua vez, são aqueles cujas prescrições farmacêuticas são apresentadas ao mercado em embalagem própria, destinada a ser entregue ao consumidor com alguma designação ou marca privativa. Por fim, os medicamentos **magistrais** são aqueles preparados em farmácias de manipulação e, nesse caso, o farmacêutico segue uma fórmula prescrita pelo médico (Prista; Alves; Morgado, 1995).

No entanto, assim como se verifica em outras áreas de atuação – particularmente as que envolvem as **profissões liberais**, que são regradas por códigos de ética e de conduta e cujo exercício é regido por normas específicas –, e a exemplo do que vimos anteriormente acerca do marketing jurídico, também o magistral deve observar certos limites estabelecidos pela legislação vigente. Tais limites, nesse caso, não se restringem a questões éticas e aos códigos que regem a profissão de farmacêutico, pois incluem aspectos técnicos e sanitários, indispensáveis ao exercício dessa atividade. A esse respeito, Leonardi (2015) explica-nos que

> *O crescimento expressivo do setor no Brasil data da década de 1980, quando, em consequência do Plano Cruzado, o País sofreu um desabastecimento de medicamentos industrializados. Para suprir a demanda por assistência farmacêutica, houve um aumento da procura por farmácias de manipulação. Essa rápida expansão do segmento motivou também o desenvolvimento de uma legislação sanitária própria para a produção de produtos e medicamentos nas farmácias. Em 2000, o Brasil aprovou a primeira regulamentação técnica exclusivamente para as práticas magistrais (RDC 33) e, em 2007, foi aprovada pela Agência Nacional de Vigilância Sanitária (Anvisa) a RDC 67, norma que estabelece as boas práticas para manipulação no País.*

Aspectos éticos e legais à parte, no que diz respeito propriamente ao mercado das farmácias de manipulação, uma pesquisa publicada no *Panorama setorial Anfarmag: farmácias de manipulação brasileiras – 2015/2016* traçou o perfil tanto dos empresários quanto das empresas que atuam nesse setor. Segundo artigo publicado no *site* da revista *Exame* (Dino, 2016), "O Panorama Setorial

Anfarmag revela que as farmácias de manipulação são principalmente microempresas ou empresas de pequeno porte: 94% estão no regime tributário do Simples e a média é de 12 funcionários por empreendimento. Ao todo, o segmento gera cerca de 90 mil empregos diretos". Tal informação, porém, contrasta com o fato de que o mercado farmacêutico nacional, que é considerado um dos maiores do mundo, quase sempre foi dominado por grandes empresas multinacionais, como Pfizer, Roche, Novartis, Medley, AstraZeneca, Merck, Sanofi e outras gigantes do setor. Com base em tais informações, não é difícil concluirmos que, embora o mercado das farmácias magistrais tenha experimentado um período de franca expansão e de consolidação, persiste o fato de que se trata de uma atividade desempenhada por pequenas empresas que enfrentam competição intensa e competidores poderosos.

Além disso, o próprio crescimento do setor magistral obriga seus concorrentes a desenvolver novas **estratégias** e novas maneiras de **administrar** o seu mercado.

> **Para refletir**
>
> Se marketing significa adequar o seu produto ao cliente a ponto de fazer com que este se identifique com aquele, o marketing magistral é um caso explícito desse tipo de estratégia mercadológica. Você concorda com essa afirmação?

Além de uma concorrência acirrada, se levarmos em conta as tribulações comuns a todo empreendimento, somadas às peculiaridades específicas desse ramo de atividade, trata-se, sem dúvida, de um mercado que, por si só, oferece grandes desafios. A Figura 2.3, a seguir, representa alguns deles (o infográfico foi elaborado em 2013, mas os desafios nele abordados continuam bastante atuais).

Figura 2.3 – Mercado farmacêutico brasileiro e seus desafios

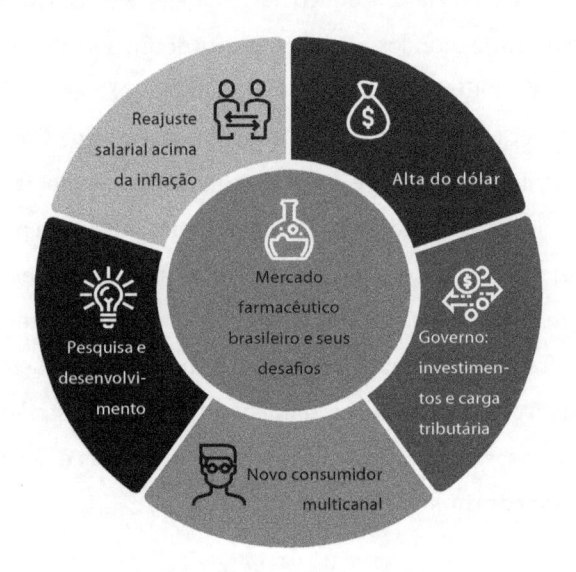

- Reajuste salarial acima da inflação
- Alta do dólar
- Governo: investimentos e carga tributária
- Novo consumidor multicanal
- Pesquisa e desenvolvimento

Mercado farmacêutico brasileiro e seus desafios

davooda/Shutterstock

Fonte: Adaptado de Andrade, 2014.

Convém chamar atenção também para o fato de que a indústria farmacêutica, logicamente, dispõe de um poder de barganha bem maior com seus fornecedores do que o setor magistral. Quando se fala em mercado e estratégia, é imprescindível atentarmos aos chamados *entrantes potenciais*, ou seja, de acordo com Porter (1999), os possíveis novos competidores capazes de ingressar em determinado mercado. Dentro desse quadro, cabe destacar que o poder público tem aumentado a oferta de medicamentos de baixo custo para todas as regiões do Brasil, o que em si é algo bom; porém, como estamos analisando o mercado magistral, nosso olhar deve se concentrar nos interesses desse nicho. Tendo isso mente, embora seja bom saber que o governo está fazendo sua parte, precisamos nos perguntar como isso pode se refletir no negócio? Esse aspecto, somado à grande rivalidade existente entre os competidores, acaba forçando uma redução dos lucros. Acrescente-se a essa equação o fato de o poder de compra de grande parte da população vir diminuindo consideravelmente, favorecendo a entrada de produtos substitutos a preços mais baixos, o que acaba por representar uma ameaça ao segmento das farmácias magistrais, uma vez que a estratégia de diferenciação adotada pela indústria farmacêutica está vinculada a um poderio econômico muito grande.

"Entrantes potenciais (ameaça de novos entrantes ou barreiras à entrada): A atratividade de um segmento varia conforme se configuram as barreiras à entrada e à saída. O mais atraente é aquele em que as barreiras à entrada são grandes e as barreiras à saída são pequenas."
(Brum, 2013).

Além de tudo isso, se compararmos a indústria farmacêutica tradicional à magistral, no que diz respeito às estratégias mercadológicas, temos de considerar ainda as **cinco forças de Porter**, que valem para diversos setores do mercado, incluindo o magistral. A Figura 2.4 a seguir esquematiza essas cinco forças.

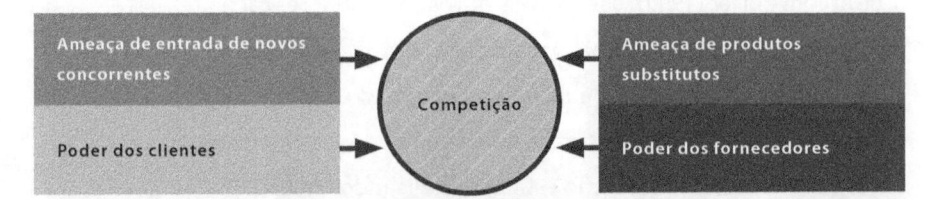

Figura 2.4 – Cinco forças de Porter

- Ameaça de entrada de novos concorrentes
- Ameaça de produtos substitutos
- Competição
- Poder dos clientes
- Poder dos fornecedores

Ameaça de entrada de novos concorrentes
(Barreiras à entrada)
» Economia de escala;
» Diferenciação do produto;
» Imagem de marca;
» Necessidades de fundos;
» Custos de mudança;
» Acesso aos canais de distribuição;
» Know-how (patentes, ...);
» Acesso favorável a matérias-primas;
» Curva de experiência;
» Regulamentação legal;
» Retaliação esperada.

Poder dos clientes
» Concentração;
» Volume das compras;
» Diferenciação do produto;
» Custos de mudança: para o cliente; para a empresa;
» Ameaça de integração a montante;
» Informações disponíveis (sobre preços, procura etc.);
» Produtos substitutos.

Ameaça de produtos substitutos
(Determinantes do risco de substituição)
» Relação preço/rendimento (desempenho);
» Custos de mudança;
» Propensão do comprador para aquisição de produtos substitutos.

Competição (Crescimento da indústria)
» Número de concorrentes;
» Custos fixos elevados;
» Diferenciação do produto;
» Custos de mudança;
» Diversidade dos concorrentes;
» Barreiras à saída;
» Ativos específicos;
» Custos fixos de saída;
» Relações estratégicas;
» Barreiras emocionais;
» Restrições sociais/legais.

Poder dos fornecedores
» Concentração dos fornecedores;
» (Inexistência de) produtos substitutos;
» Custos de mudança de fornecedores;
» Importância do volume do fornecedor;
» Custo em relação ao total comprado na indústria;
» Riscos de integração a jusante.

Fonte: Adaptado de Santana, 2011.

Estratégias de marketing magistral

Na sequência, apresentamos algumas dicas básicas de marketing para farmácias:

» **Fazer parcerias**: São sempre bem-vindas as parcerias com outros estabelecimentos comerciais, principalmente com o propósito de divulgar serviços oferecidos pela farmácia ou ações promocionais realizadas por ela, pois "uma empresa pode ajudar a outra na jornada diária de vendas e divulgação" (Conselho Magistral, 2017).

» **Investir em divulgação**: Além das mídias tradicionais, recomendamos buscar alternativas, como a internet e suas redes sociais (por exemplo, criar uma *fanpage* e uma conta no **Twitter** e divulgar, por meio delas, dicas de saúde e outros tipos de mensagens que atraiam e envolvam cada vez mais os *prospects*.

» **Buscar a fidelização dos clientes**: Estratégias que adotem procedimentos como descontos progressivos, fidelização por pontos e cuponagem estão atualmente em evidência no Brasil. A prática da **cuponagem**, por exemplo, é vista com bons olhos nos Estados Unidos, onde está associada a uma fatia muito grande das vendas no varejo. Desde que utilizadas dentro das normas éticas e legais vigentes, tais práticas também podem ser exploradas no segmento farmacêutico.

» **Ser ativo no bairro**: Participar de eventos locais é fundamental para a sobrevivência de sua marca. Patrocinar atividades que façam com que o estabelecimento

---

Segundo Aldabra (2017), "Fanpage ou Página de fãs é uma página específica dentro do Facebook direcionada para empresas, marcas ou produtos, associações, sindicatos, autônomos, ou seja, qualquer organização com ou sem fins lucrativos que deseje interagir com os seus clientes no Facebook".

Rede social do tipo microblogging que permite o envio e o recebimento de mensagens de até 140 caracteres.

A cuponagem, de acordo com Freitas (2014), é a "prática de oferecer benefícios aos clientes através de cupons de desconto" que "possui inúmeras vantagens tanto para as empresas que anunciam seus produtos como para os clientes".

farmacêutico fique mais próximo da comunidade é sempre bem-vindo, uma vez que uma relação mais estreita com o consumidor somente trará benefícios e criará um laço real de afinidade (Conselho Magistral, 2017).

» **Oferecer variedade**: Hoje há uma grande competividade nas farmácias. Já parou para pensar que lá no fundo, bem lá no fundo das drogarias, se você procurar bem encontrará medicamentos? Parece brincadeira, mas no atual mercado de drogarias o remédio, que antes era o produto principal, divide espaço com outros produtos do mercado de conveniência, de modo semelhante ao que já se observava em postos de gasolina, por exemplo.

» **Expor com eficiência**: Estratégias de *merchandising* facilitam a visualização de seus produtos, e se levarmos em conta que grande parte das compras é feita por impulso, podemos recorrer a uma ferramenta interessante: o *visual merchandising*, que é responsável pela identidade e personalidade do ponto de venda.

O visual merchandising, termo que podemos traduzir como marketing visual, consiste, segundo Wedel e Peters (citados por Azevedo, 2013) na "utilização estratégica pelas empresas dos sinais e símbolos visuais comerciais e não comerciais para entregar mensagens e experiências desejáveis e/ou úteis para os consumidores".

O conceito de *estratégia* é visto de formas diferentes pelos estudiosos do tema, e isso acontece pelo modo como essa dimensão é vista. Aqui, destacamos a definição de Hax e Majluf, que propuseram um conceito unificado que sintetiza todas estas correntes. Para eles, "Estratégia pode ser um conceito multidimensional que abrange todas as atividades críticas da organização, provendo-a de um senso de unidade, direção e propósitos assim como facilitando sua adaptação às mudanças geradas pelo seu ambiente de negócios" (Hax; Majluf, citados por Silva; Nascimento Filho; Mendonça, 2006, p. 2).

Indústria farmacêutica: a indústria que superou a essência

A indústria farmacêutica faz maravilhas para a humanidade, levando bem-estar, saúde e desenvolvimento para as sociedades onde atua. A capacidade de investimento em pesquisa e tecnologia para desenvolver novos produtos, buscar a cura ou amenizar o sofrimento das pessoas já é, por si só, a razão de sua existência.

Mas o foco deste artigo é o marketing realizado por essa indústria e, para tanto, vamos focar o nosso olhar em um dos marketings mais criativos, técnicos e não menos regulamentados, uma vez que sofre regulamentações de diversos órgãos, como a Agência Nacional de Vigilância Sanitária (Anvisa), por meio da Resolução da Diretoria Colegiada (RDC) n. 96, de 17 de dezembro de 2008; do Conselho Nacional de Autorregulamentação Publicitária (Conar); da Associação da Indústria Farmacêutica de Pesquisa (Interfarma) e da Associação Brasileira de Redes de Farmácias e Drogarias (Abrafarma).

A busca pela satisfação do principal cliente da indústria farmacêutica – o médico – é estudada ao limite: informações pessoais, opções terapêuticas, auditorias de mercado, auditorias de vendas e receituário são tratados e analisados exaustão por meio de *softwares* específicos e, depois, disponibilizados ao representante como uma ferramenta fundamental a ser usada antes de cada visita médica. A grande maioria dos médicos nem imagina o quanto de informação sobre suas condutas, escolhas de marcas ou princípios ativos a indústria tem.

A essência do marketing, segundo Kotler, diz respeito a customizar a publicidade até chegar ao limite de "Um para Um". Há alguns anos venho dando significado ao trabalho do representante/propagandista ao lado dos médicos e demonstrando a importância desse profissional, a fim de atingirmos o "Muitos para Um".

Vou explicar isso melhor. No momento em que está com o seu cliente, o representante está representando e levando consigo o trabalho do departamento de pesquisa médica, do gerente de marketing que criou a campanha, do gerente de produto, do gerente regional ou do gerente distrital e também da equipe de treinamento. Ele representa todas essas pessoas, esses conhecimentos e treinamentos e os leva de forma personalizada ao médico. Esse refinamento e essa complexidade de informações se traduzem naqueles poucos minutos dispensados pelo cliente/médico em uma reunião com o representante, ao que tenho chamado então de *essência concentrada*.

Para quem não é do ramo isso parece complexo, mas a hierarquia é esta: representante/propagandista, gerente distrital, gerente regional, gerente nacional e, por fim, diretores. O departamento de treinamento dá o suporte do conhecimento técnico de produto e procura dar entendimento s estratégias de marketing, investindo tempo e muitos recursos, fazendo desses profissionais indivíduos diferenciados e desejados por outros segmentos. No momento da visita, o representante carrega um pouco de todos e usa a porção de cada um dentro da técnica no momento adequado.

Philip Kotler fala em seu livro *Administração de marketing* (2000, p. 25) que os "gerentes de marca e produto precisam sair de seus escritórios e passar a ter um contato maior com o cliente. Assim, eles podem visualizar novos meios de agregar valor à vida dos clientes". E na indústria farmacêutica isso efetivamente acontece. Além de ouvir e visualizar, digo que devem anotar para levar para dentro da empresa e fazer o trabalho de casa, o que muitas vezes não acontece. O cliente e o campo falam muito!

O bom do mercado é que existem as crises, sejam econômicas, sejam políticas, sejam morais, e isso provoca o pensamento para ações não necessariamente inovadoras, como tem-se propagado, mas ações certas no momento certo. A necessidade de gerar valor para os clientes passou da era do brinde para a era do conhecimento, para a inovação de tratamentos e tecnologias, trocas de conhecimentos locais, investimentos em congressos e *mini-meetings*, e parece que está encontrando dificuldade de comunicar o valor ao cliente num mundo tão corrido, com tempo escasso e informações disponíveis *just in time* na internet.

As segmentações já foram testadas e aplicadas de diversas formas, mas o caráter pessoal ainda não foi e dificilmente será superado. Os processos seletivos estão cada vez mais sofisticados, buscando as competências necessárias para a execução das tarefas, bem como o perfil psicológico mais adequado. Chamo atenção para um detalhe: e quanto à identificação com o cliente?

Tenho visto os processos para quem efetivamente vai colocar em prática o "Muitos para Um", e um item se destaca: "idade até 35 ou no máximo 38 anos". Reunir competências, conhecimento e ainda dispor de agilidade de raciocínio para acompanhar as novas tecnologias exige esforços diferenciados. Acredito que a descrição até esteja correta, porém sabemos que hoje as gerações e seus conflitos de comunicação e conduta não são levados em consideração nos processos.

Parece confuso, mas o simples, que parece óbvio, muitas vezes não é implantado por ser óbvio demais. É aqui que faço um breve paralelo entre as gerações de veteranos, nascidos antes de 1946; os *baby boomers*, nascidos entre 1946 e 1964; a geração X, nascidos entre 1965 e 1979; a geração Y, nascidos entre 1980 e 1995; a geração Z, nascidos entre 1996 e 2010; e a geração alfa, nascidos após 2010. Esta última ainda não está no mercado, ou seja, está em fase de formação e certificação do conhecimento.

O fato é que o médico, como cliente da indústria farmacêutica, tem também o seu ciclo de vida profissional: os veteranos estão em fase descendente, não atendendo mais a um grande volume de pacientes, mas com grande credibilidade e respeito profissional; os mais jovens estão formando sua clientela e adquirindo experiência, e outro grupo já está no auge de suas carreiras.

A geração dos *Baby Boomers* e a Geração X, que têm características comuns entre si, como ambição, carreira, estabilidade financeira e gosto pelo trabalho, são hoje as gerações que estão em seu mais alto grau de produtividade e, portanto, devem merecer maior esforço das ações de marketing.

A Geração X (no seu final) e a Geração Y estão lutando por um lugar ao sol, apresentando inúmeras inovações e atualidades. No entanto, ainda sofrem com a falta de credibilidade e experiência, e sua maioria tem baixo potencial comercial.

Em um mercado em que a credibilidade e o conhecimento técnico são fundamentais, a facilidade e a afinidade com a comunicação devem ser consideradas no processo de segmentação e farão a diferença entre as empresas vencedoras e as demais. Um bom profissional leva um longo tempo e tem muito trabalho para reuni-las. Acredito que a identificação entre as gerações mais produtivas, segmentando e adequando o representante por perfil de geração, seria uma forma inovadora de se fazer o marketing farmacêutico.

A fidelização do cliente está cada vez mais difícil de ser conseguida, uma vez que exige mais qualidade, customização até onde for possível e uma redução do preço final até onde for viável. No segmento farmacêutico os preços são monitorados pelo governo, e a guerra de preços se estabelece entre as indústrias ao lançarem marcas concorrentes, algumas com forte apelo de preço, e ainda há a guerra de preços entre farmácias e drogarias que ocorre nos pontos de venda.

Acredito que nesse momento é chegada a hora da parceria, da troca de conhecimento, dentro do que é permitido pelo **Código de Conduta da Interfarma** e da legislação local.

> O texto refere-se à Associação da Indústria Farmacêutica de Pesquisa (Interfarma), órgão que representa as empresas e institutos de pesquisa empenhados no desenvolvimento de novos fármacos e da indústria farmacêutica de modo geral.

É preciso abrir o foco da informação e gerar conhecimento para além das saúde e ao marketing das marcas de medicamentos, além de investir também em conhecimento em gestão de negócios, gestão financeira, treinamentos e relacionamento interpessoal, que são novos canais de geração de valor, satisfação e fidelização do cliente.

Dentro de uma clínica ou de um hospital ainda há espaço para a indústria proporcionar conhecimento e agregar valor. Essa seria a essência, a mensagem do marketing, em uma nova embalagem!

LUIZ ALFREDO BRIETKE.
Pós-graduado em Gestão de Negócios (Opet),
graduado em Empreendedorismo, Marketing e Vendas (Unoesc).
Gestor e desenvolvedor de equipes.

Para saber mais

Caso deseje conhecer mais a fundo o marketing magistral, você pode consultar o *site* da empresa de consultoria Marketing Pharma, especializada nesse setor:

MARKETING PHARMA. Disponível em: <http://marketingpharma.com.br/>. Acesso em: 18 set. 2017.

Outro *site* que oferece informações relevantes acerca do marketing magistral é o da empresa Pharmaceutical Consultoria:

PHARMACEUTICAL CONSULTORIA. Disponível em: <http://www.pharmaceutical.com.br/>. Acesso em: 18 set. 2017.

Marketing notarial

O mercado notarial tem como ator principal a figura do **notário**, um oficial público cuja função é registrar os atos e contratos que requeiram forma e autenticidade legal e pública. O notário, também denominado *tabelião*, é um servidor público aprovado em concurso e graduado em Direito, que domina a legislação e age por delegação do poder público. Sua missão e seu objetivo profissional é conferir autenticidade a documentos, de modo a preservar a segurança jurídica e a liberdade contratual. É ele quem lavra e averba no livro de notas os instrumentos de atos jurídicos solicitados pela sociedade, administra o cartório que está sob a sua responsabilidade, atesta a autenticidade de fatos e lavra escrituras, procurações públicas, testamentos públicos e atas notariais com o devido reconhecimento de firma, além de autenticar fotocópias.

> O art. 3º da Lei n. 8.935, de 18 de novembro de 1994 (Brasil, 1994), dispõe que o "Notário, ou tabelião, e oficial de registro, ou registrador, são profissionais do direito, dotados de fé pública, a quem é delegado o exercício da atividade notarial e de registro".

No Brasil, para se tornar um tabelião, além de ser aprovado em concurso público realizado pelo Poder Judiciário com participação do Ministério Público, da OAB e do **Colégio Notarial do Brasil** – entidade filiada à União Internacional do Notariado Latino (UINL), com sede em Buenos Aires –, o profissional precisa ser jurista (e dos bons!), ter amplo domínio sobre os principais conceitos da área jurídica e fluência em uma segunda

---

O tabelião é um servidor público, porém não tem nenhum tipo de vínculo hierárquico com qualquer órgão da administração pública das esferas municipal, estadual ou federal. Em seu art. 236, a Constituição de 1988 reconhece o caráter privado da função. Por atuar em atividade ligada ao serviço público, no entanto, existe a necessidade de um concurso público para obtenção da delegação do poder de exercê-la.

"O Colégio Notarial do Brasil, entidade de classe [...], é uma associação sem fins econômicos, constituída em 11 de janeiro de 1954, sendo indeterminado o seu prazo de duração." (CNB-CF, 2017a).

> Protesto cambiário é o "Pedido feito ao Cartório de Protestos de Títulos para o protesto de uma apólice cambiária, nota promissória, letra de câmbio, cheque ou duplicata, devido à falta de aceite ou de resgate do título apresentado (Lei n. 2.044/98, art. 28, e Lei n. 9.492/97)." (Site SA, 2017).

língua (principalmente o inglês) e ser imparcial, responsável e muito dedicado.

Há dois tipos distintos de tabeliães: o de **notas**, que é responsável por lavrar e dar autenticidade a todos os documentos públicos, e o de **protestos**, cuja função é realizar atos relacionados a protestos cambiários. Dentro desse universo, convém destacar também que os chamados *serviços notariais e de registro*, de acordo com a Lei n. 8.935/1994, são "os de organização técnica e administrativa destinados a garantir a publicidade, a autenticidade, a segurança e a eficácia dos atos jurídicos" (Brasil, 1994).

Os valores dos serviços prestados pelo tabelião seguem uma tabela prefixada que varia de região para região. Em caso de prejuízo e outros danos possíveis causados aos requerentes de seus serviços, a responsabilidade é inteiramente do notário.

Você sabia?

Considera-se que a mais antiga referência a tabeliães na legislação portuguesa data do início de 1305, mais precisamente de 15 de janeiro daquele ano, quando o Rei D. Dinis instituiu o Regimento dos Tabeliães. Com o passar do tempo, esse regimento acabou sendo considerado uma forma de beneficiar as pessoas mais próximas do rei, um quadro que só foi alterado por volta do século XIX, quando surgiram leis que estabeleciam alguns requisitos básicos para que fosse possível exercer a função notarial.

No Brasil Colônia, esse posto resultava de uma espécie de doação e tinha caráter vitalício, porém há registros de compra e venda do cargo.

Fonte: Elaborado com base em CNB-CF, 2017b.

As principais leis que regulamentam os serviços notariais são:

- » a Lei de Registros Públicos – Lei n. 6.015, de 31 de dezembro de 1973;
- » a Lei n. 7.433, de 18 de dezembro de 1985, que dispõe sobre os requisitos para a lavratura de escrituras públicas;
- » o Decreto n. 93.240, de 9 de setembro de 1986, que regulamenta a Lei 7.433/1985;
- » a Lei dos Serviços Notariais e de Registro – Lei n. 8.935, de 18 de novembro de 1994;
- » a Lei de Protesto de Títulos – Lei n. 9.492, de 10 de setembro de 1997;
- » o Código Civil – Lei n. 10.406, de 10 de janeiro de 2002.

Agora que já apresentamos algumas informações sobre o contexto da atividade notarial, discorreremos sobre como o marketing insere-se nele. Mas, antes, mencionaremos algumas práticas legais, pois estamos tratando de prestação de serviços, um bem intangível que tem por característica principal um atendimento de alto nível ao consumidor final – repare que estamos pensando no contexto do serviço público, em que a excelência do atendimento, uma das características do marketing, é primordial para o bom andamento do processo.

Com o propósito de atender tal premissa, realizam-se congressos e seminários que conseguem reunir diversos representantes do segmento para discutir e delinear temas referentes à atuação em seu respectivo mercado. Tais congregações permitem a troca de ideias sobre como melhorar o atendimento aos clientes e entender, de forma sistêmica, o funcionamento e as características do setor.

Alguns grandes eventos notariais do Brasil e de outros países da América Latina incluem:

- » Congresso Notarial Brasileiro;
- » Congresso Paulista de Direito Notarial;
- » Jornada Notarial Argentina;
- » Jornada do Notariado Jovem do Cone Sul;
- » Seminário "Grandes Temas Notariais";
- » Seminário Hispano-Brasileiro de Direito Notarial;
- » Sessão Plenária da Comissão de Assuntos Americanos da UINL.

Para saber mais

No *site* do Conselho Federal do Colégio Notarial do Brasil (CNB-CF), você encontra inúmeras atualizações e notícias sobre a área notarial, e no ícone "Publicações", mais especificamente, você tem acesso às revistas e aos informes notariais mais recentes relativos ao setor. Saiba mais em:

CNB-CF – Conselho Federal do Colégio Notarial do Brasil. Disponível em: <http://www.notariado.org.br/index.php>. Acesso em: 18 set. 2017.

Estratégias de marketing notarial

De modo geral, os cartórios têm características de empresas de pequeno porte e são tradicionalmente constituídos por um número reduzido de colaboradores, cujas atividades profissionais envolvem o intelecto. Hoje, são inúmeros os cartórios que dispõem de equipamentos modernos e adotam práticas operacionais superatualizadas. Por outro lado, uma parcela desse segmento de mercado ainda considera irrelevante dar atenção especial aos seus clientes ou assumir uma visão fundamentada na sensibilidade necessária para atender à sua demanda, entre outras posturas correntemente recomendadas pelo marketing. Exatamente por isso, ao destacarmos a relevância das principais ações capazes de exercer impacto positivo no segmento de serviços notariais, é imprescindível salientarmos o bom relacionamento com os clientes e a comunidade na qual o cartório está inserido, visto que a prática de atender bem é considerada básica e não envolve grandes investimentos por parte do estabelecimento.

Uma prática simples, porém muito importante para se saber se o atendimento do cartório é satisfatório e se é realizado com excelência, é passar para o outro lado do balcão e colocar-se no lugar do cliente. Tal atitude proporciona uma nova visão do processo. Além disso, a simples instalação de uma caixinha de sugestões para melhorias pode apontar vícios e virtudes que passam despercebidos no cotidiano profissional.

Para refletir

Que tipo de empreendimento você tem ou pretende ter sob sua gerência ou comando? Caso seja um cartório, pergunte-se qual é a função dele na vida das pessoas e como elas o enxergam.

Há algumas indagações básicas que devem ser respondidas durante o processo de análise do mercado no qual você atua:

- » Você conhece os seus clientes? Quais, entre eles, são os mais valiosos?
- » Quais são os dias e horários de maior e de menor demanda?
- » Há ociosidade? Em caso afirmativo, é possível otimizar atividades internas nesse período?
- » Você consegue atingir a totalidade dos seus clientes potenciais ou, ao menos, a maioria deles?

Para que o seu serviço tenha qualidade, é essencial entender o que o cliente quer, o que ele percebe como *qualidade*, o que o encanta. Isso significa ir além do básico, isto é, dispor de um ambiente *clean*, asseado, organizado e agradável, onde atuam funcionários competentes e preparados para oferecer o melhor atendimento, com sistemas que possibilitem prestar informações. claras e objetivas, que evitem filas e que proporcionem ao cliente a melhor experiência possível quando ele procura por um serviço. Lembre-se que o cartório deve ser visto como um **facilitador**, e nunca o contrário.

Para saber mais

Sobre a ética nos serviços notariais, conheça o Código de Ética da Associação dos Notários e Registradores do Brasil (Anoreg-BR) em:

ANOREG-BR – Associação dos Notários e Registradores do Brasil.
Código de Ética da Anoreg-BR aprovado A.G.E. 02.04.14. 2 abr. 2014.
Disponível em: <http://www.anoreg.org.br/images/arquivos//CODIGO%20 DE%20ETICA%20ANOREGBR%200204114.pdf>. Acesso em: 18 set. 2017.

Por fim, pense na missão do cartório, na razão de ser dele. Há um propósito para a existência desse empreendimento? Quais são os valores da organização? O trabalho do gerente do cartório não deve criar problemas, mas resolvê-los; proporcionar segurança ao cliente e jamais causar algum tipo de transtorno ou aborrecimento a ele. Nesse sentido, evitar cada vez mais a burocratização e treinar os colaboradores para que aproveitem todas as oportunidades existentes para esclarecer as dúvidas relativas aos serviços notariais é essencial.

Vale ressaltar que por muito tempo a imagem dos cartórios não era muito "querida" pelos consumidores, uma vez que se tinha a impressão de que precisar de serviços notariais era sinônimo de angústia. Essa imagem perdurou por muito tempo e marcou os clientes, que tinham a percepção de que para cumprir a lei era necessário passar praticamente por um calvário.

Hoje, os serviços notariais mudaram, e quando um cliente não está disposto a se submeter à condição descrita anteriormente, ele a denuncia, principalmente por meio das mídias sociais, e muda de cartório. Isso faz com que se perca receita, uma vez que o serviço do cartório é remunerado.

Marketing público[1]

Quando se fala em marketing, é normal associarmos o termo com o setor privado, já que muitas pessoas ligam esse conceito ao processo de venda e lucratividade empresarial. No entanto, cada vez mais percebemos o uso de técnicas mercadológicas em áreas bastante distintas e muitas vezes com finalidades não lucrativas.

É nesse contexto que surge o termo *marketing público*, que de maneira genérica diz respeito ao uso dos conceitos mercadológicos adaptados ao setor público.

Segundo Xavier (2013),

> O Marketing Público é a evolução da comunicação governamental, política e eleitoral, onde os processos tradicionais como Marketing, Assessoria de Imprensa, Pesquisas Estatísticas e Publicidade estão esgotados. É uma área que abrange uma grande variedade de saberes e atividades, e pode-se dizer que é um conceito em processo de construção ligada a cinco áreas: Organizacional, Científica, Estado e/ou Governamental; Política e/ou Eleitoral e da Sociedade Civil Organizada.

---

[1] Esta seção foi escrita por Tatiana Souto Maior Oliveira, doutoranda em Administração com ênfase em Tecnologia, mestre em Gestão Urbana pela Pontifícia Universidade Católica do Paraná (PUCPR) e especialista na área de Tecnologia da Comunicação e Informação. Atualmente, é professora do Centro Universitário Internacional Uninter e das Faculdades Santa Cruz. Tem experiência na área de Administração, com ênfase em Administração Pública e Tecnologia, com atuação nos seguintes temas: gestão urbana, inovação e tecnologia da informação e comunicação. É pesquisadora no Grupo de Estudos e Pesquisa Trabalho, Educação e Sociedade (Getes), na linha de Educação, Trabalho e Sociabilidade, vinculado ao Programa de Pós-Graduação em Educação na modalidade Mestrado Profissional: Educação e Novas Tecnologias (PPGENT), do Centro Universitário Internacional Uninter.

Para entendermos melhor esse novo conceito, é necessário, antes, nos aproximarmos brevemente da gestão atual das organizações públicas e, a partir daí, encaixarmos o conceito de marketing nesse meio.

Por uma nova gestão pública

A gestão pública brasileira vem passando por um processo de revisão desde a década de 1930, a fim de encontrar e aplicar novas maneiras de gerenciamento da máquina estatal. Foram inúmeras reformas com foco na busca de uma prestação de serviços de qualidade à sociedade e, por conseguinte, de atendimento às demandas.

Nesse contexto, podemos identificar cinco grandes fases de mudanças na forma como as organizações públicas brasileiras vêm sendo geridas até chegarmos à concepção atual, as quais são resumidas no Quadro 2.1 a seguir.

Quadro 2.1 - Retrospectiva histórica administrativa do Estado

Fase	Objetivo principal	Características
Primórdios da administração pública	Ocupação efetiva da colônia	» Centralismo » Autoritarismo » Patrimonialismo » Burocracia
Reforma administrativa – Era Vargas	Combate a expansão do patrimonialismo e maior controle nas organizações públicas	» Reforma Orçamentária » Institucionalização de Carreira » Burocracia » Centralização

(continua)

(Quadro 2.1 – conclusão)

Fase	Objetivo principal	Características
Decreto-Lei n. 200/1967	Superação da rigidez burocrática em busca de uma maior flexibilidade	» Descentralização » Administração indireta » Delegação de autoridade » Planejamento
Programa Nacional de Gestão Pública e Desburocratização (GesPública)	Revitalização e agilização das organizações do Estado	» Simplificação de processos » Busca de eficiência » Controle burocrático » Regime único para servidores
Reforma Administrativa do Estado	Reconstrução da administração pública em bases modernas e racionais	» Introdução de técnicas administrativas privada » Foco na eficiência e eficácia » Revisão legal que permita a flexibilização da gestão pública » Gestão dos traços culturais das organizações públicas

Fonte: Adaptado de Oliveira, 2012, p. 30.

De maneira genérica, as reformas citadas no Quadro 2.1 tiveram como foco ações direcionadas à parte **interna** das organizações públicas, com destaque para um forte apelo à reestruturação dos processos do Estado em si, em busca de uma melhor operacionalização.

A partir de 1990, com a Reforma Administrativa do Estado, as organizações públicas começam a repensar não só os seus processos, mas sobretudo os seus resultados, passando a instituir análises e ações cada vez mais voltadas ao cidadão e aos resultados dessas ações para a sociedade.

Nesse momento, a gestão pública inicia o trabalho em busca da qualidade na administração pública. O Programa da Qualidade e Participação na Administração Pública (QPAP), que teve início em 1996, buscou basicamente a estruturação das ações públicas com base nos direcionamentos da qualidade total oriunda do mercado privado.

De acordo com o QPAP (Brasil, 1997, p. 12), "A implantação da Qualidade na Administração Pública foi destacada como importante instrumento para a eficiência do aparelho estatal, aliada imprescindível para a melhoria da qualidade dos bens e serviços produzidos no País e, principalmente, para a melhoria da qualidade de vida do cidadão".

Nesse contexto, o QPAP representou uma grande **quebra de paradigma na gestão pública**, já que tinha como focos a forma de atuação dos servidores públicos e a percepção dos cidadãos sobre a administração pública. Esse direcionamento a uma nova forma de atender às demandas da sociedade fica bastante claro nos objetivos específicos do programa, nos quais aparece a preocupação não só com a operacionalização das atividades públicas, mas principalmente com a integração dos cidadãos no processo de avaliação dos serviços prestados (Brasil, 1997).

Seguindo o direcionamento proposto, percebemos várias ações implementadas na busca pela qualidade dos serviços públicos, como pesquisas de atendimento a usuários, criação de centros integrados de atendimento, centrais telefônicas de atendimento ao cidadão, campanhas de conscientização e atendimento ao cidadão, portais da qualidade para atendimento aos serviços públicos, entre outras.

Como resultado desse trabalho, constatamos a **institucionalização da necessidade da qualidade na prestação de serviços públicos**, que aparece praticamente em todas as instituições públicas (diretas ou indiretas), e a sua formalização por meio de legislação específica, como é o caso do Decreto n. 40.536, de 12 de dezembro de 1995, que instituiu o Programa Permanente da Qualidade e Produtividade no Serviço Público no Estado de São Paulo (São Paulo, 1995).

Em decorrência do QPAP surge o Programa Nacional de Gestão Pública e Desburocratização (GesPública), com o objetivo final de criar valor público para o cidadão por meio da reestruturação da gestão pública alinhada às demandas da sociedade.

> O Programa Nacional de Gestão Pública e Desburocratização foi instituído pelo Decreto n° 5.378, de 23 de fevereiro de 2005, e é o resultado da evolução histórica de diversas iniciativas do Governo Federal para a promoção da gestão pública de excelência, visando a contribuir para a qualidade dos serviços públicos prestados ao cidadão e para o aumento da competitividade do País.

Fonte: Brasil, 2015a.

Para que fosse possível desenvolver uma gestão pública direcionada a serviços de qualidade para o cidadão, o GesPública criou um conjunto de princípios (Figura 2.5) e fundamentos (Figura 2.6) que, juntos, amparam as ações dos gestores públicos.

Figura 2.5 – Princípios constitucionais do GesPública | 85

Ser público
- Impessoalidade
- Publicidade
- Moralidade
- Eficiência
- Legalidade

boreala/Shutterstock

Fonte: Adaptado de Brasil, 2009c, p. 18.

Figura 2.6 – Fundamentos do GesPública

Ser contemporâneo
- Pensamento sistêmico
- Aprendizado organizacional
- Liderança e constância de propósitos
- Cultura da inovação
- Visão de futuro
- Foco no cidadão e na sociedade
- Geração de valor
- Comprometimento com as pessoas
- Desenvolvimento de parcerias
- Responsabilidade social
- Controle social
- Orientação por processos e informações
- Gestão participativa

boreala/Shutterstock

Fonte: Adaptado de Brasil, 2009c, p. 20.

Para que seja possível atingir o objetivo principal do GesPública – foco no cidadão e na sociedade –, as organizações públicas têm reestruturado seus processos (até então não devidamente utilizados) e criado novos.

> **Para saber mais**
> O livro *Ensaios de gestão pública* traz estudos de caso da aplicação do GesPública no município de Vilhena, analisando questões práticas como transparência pública, avaliação de desempenho e gestão de desempenho. Saiba mais em:
> CARNEIRO, A. de F. (Org.). **Ensaios de gestão pública.** São Paulo: Academia, 2010.

O advento do marketing nas organizações públicas

A nova postura da gestão pública parte fundamentalmente da necessidade de se **repensar os processos das organizações públicas**, direcionando os esforços para a função principal do Estado: o bem-estar social. Para tanto, busca-se, nas teorias administrativas existentes, as bases para a solução dos problemas e demandas.

O fato é que, até então, a gestão pública não conseguiu atender a muitas das demandas e, em alguns casos, falta inclusive o entendimento das necessidades a serem atendidas. Como consequência, a gestão pública gera uma imagem negativa, calcada na ineficiência, morosidade e desperdício; se somada em alguns casos com o mau atendimento e direcionamentos duvidosos, essa visão compromete qualquer tentativa de reinvenção organizacional.

Para modificar esse cenário com o apoio de outras teorias administrativas, a gestão pública começa a se apropriar dos conceitos de marketing para amparar suas ações estratégicas.

Conceito de marketing público

Quando falamos sobre utilizar teorias administrativas oriundas da gestão privada no setor público, precisamos antes analisar a essência conceitual delas e somente depois adaptá-las ao setor público, já que o caráter das organizações públicas é bem distinto do das instituições privadas.

Partindo do princípio de que o marketing diz respeito ao conjunto de atividades que de forma integrada consegue gerar uma oferta de valor direcionada a um grupo específico em busca do atendimento de suas necessidades e expectativas, conscientes ou não (AMA, 2013), ele tem aderência e fundamental importância para as organizações públicas, que necessitam justamente se instrumentalizar para atender as mais variadas demandas da sociedade.

Na prática, segundo a American Marketing Association (AMA, 2013), o marketing pode ser resumido como o conjunto de ações de criação, comunicação e distribuição de produtos ou serviços que vão ao encontro de um público alvo.

> Sendo assim, é possível dizermos que, por meio das estratégias de marketing, as organizações públicas podem ir ao encontro das reais necessidades da sociedade de maneira efetiva.

Muito mais do que propaganda, o marketing é, em si, um **processo estratégico**, que considera as potencialidades organizacionais e necessidades do público.

De acordo com Bresser-Pereira (1968, p. 24),

Um programa mercadológico é um instrumento para se pensar com antecedência, para se estabelecer com clareza objetivos e estratégias, para se coordenar e equilibrar recursos humanos e materiais de modo a maximizar os resultados com o emprego de um mínimo de esforços; é um meio de se distribuir responsabilidades, de se controlar e reavaliar atividades.

Quando falamos em marketing público, nos referimos ao processo de identificar as necessidades da sociedade e, por meio de estratégicas específicas, viabilizar serviços públicos que possam atendê-las. Trata-se fundamentalmente de um processo social de caráter técnico e especializado dissociado dos aspectos políticos (Oliveira et al., 2013).

Para Kotler e Lee (2008), o marketing público tem como função básica o apoio ao fornecimento dos serviços públicos necessários para a sociedade como um todo que são de responsabilidade do Estado.

Kotler (1978) diz ainda que o uso do marketing possibilita uma efetiva melhoria na prestação dos serviços públicos, já que este coloca como base para as ações públicas os interesses dos seus usuários.

Na nova gestão pública, o marketing público, segundo Oliveira et al. (2013) e Kotler (1978), atua como ferramenta de orientação em direção ao aumento da eficiência, da eficácia e da sustentabilidade das ações implementadas.

O uso do marketing público pelo Estado direciona o foco das ações públicas para o cidadão, criando assim uma relação de consumidor com ele, e não de simples usuário dos serviços públicos, o que vai ao encontro dos preceitos do GesPública e da razão de ser do Estado.

Nesse contexto, o marketing público pode representar um divisor de águas na gestão pública, pois desvincula as questões políticas, comumente características nas organizações públicas, garantindo a impessoalidade institucionalizada pela Constituição e uma prestação de contas diferenciada a partir do momento em que se tem um planejamento estruturado com base nas demandas dos cidadãos. Isso representa um ganho em termos de gestão e de contabilização das ações (Kotler, 1978).

> Em síntese, o marketing público consiste no conjunto de ferramentas que permitem a identificação das necessidades da sociedade, o uso de estratégias específicas para a criação de produtos e serviços para o atendimento dessas necessidades e a efetiva entrega desses produtos e serviços ao cidadão.

Premissa básica do marketing público: foco no cidadão

Como visto anteriormente, o objetivo precípuo do novo modelo de gestão pública instituído no Brasil é o foco no cidadão e na sociedade, e é com base nele que são elencados todos os esforços e premissas que norteiam o modelo do GesPública. Esse objetivo transforma os conhecimentos e ações de marketing no ponto central de toda a estratégia da gestão pública, e por meio dele é possível atender às necessidades da sociedade.

Assim como na empresa privada o foco do marketing é o cliente, na gestão pública o marketing tem como foco o cidadão, porém, nesse caso, o indivíduo deve ser um coparticipante do processo de gestão, e não somente um usuário final do processo.

De acordo com o Documento de Referência do GesPública (Brasil, 2009c), além de o foco ser o cidadão, este deve fazer parte do processo de gestão, desde a formulação das políticas até o controle efetivo delas.

Para saber mais

De maneira resumida, o Documento de Referência apresenta todas as diretrizes do GesPública, que é o direcionador das ações relacionadas à excelência em gestão pública. Sua leitura proporciona uma visão geral do programa e dos objetivos do governo brasileiro relativos à prestação de serviços públicos. Saiba mais em:

BRASIL. Ministério do Planejamento, Orçamento e Gestão. Secretaria de Gestão. Programa Nacional de Gestão Pública e Desburocratização. **Documento de referência.** Brasília: MP/Seges, 2009. Disponível em: <http://www.planejamento.gov.br/secretarias/upload/Arquivos/seges/forum_nacional_gp/documento_referencia2009_29abr.pdf>. Acesso em: 18 set. 2017.

Nesse sentido, todas as ações de marketing na gestão pública devem se direcionar à **melhoria do atendimento ao cidadão**, o que perpassa pelo melhor entendimento de suas necessidades, por uma nova orientação de atendimento por parte do funcionalismo público e pela recriação do conceito de administração pública.

■ **Lembre-se**

Um novo modelo de gestão calcado em um processo de transparência e participação pode garantir o resultado das ações e, por conseguinte, o atendimento das demandas.

Principais ações na área do marketing público

As áreas de atuação do marketing público vêm crescendo à medida que os resultados começam a aparecer. No entanto, nesta obra, vamos concentrar os esforços em quatro grandes blocos, os quais vão ao encontro das necessidades da gestão pública, conforme exposto no Quadro 2.2, a seguir.

Quadro 2.2 – Objetivos e ações do marketing público

Área	Ações	Objetivos
Imagem	Trabalhar a imagem interna da administração pública	Promover a cidadania [a fim de que a população se sinta atraída a] participar das decisões de interesse público
Pesquisa	Levantar informações sobre os cidadãos (necessidades, desejos e interesses)	Reduzir as desigualdades sociais promovendo uma reflexão sobre políticas públicas direcionadas e eficientes

(continua)

(Quadro 2.2 – conclusão)

Área	Ações	Objetivos
Comunicação	Desenvolver os sistemas de comunicação, beneficiando a transparência e o controle	Contribuir para o desenvolvimento da responsabilização do gestor público
Endomarketing	Fortalecer o compromisso dos servidores públicos com o interesse público	Desenvolver a responsabilidade com o serviço público e valorizar o caráter participativo

Fonte: Adaptado de Oliveira et al., 2013, p. 110.

Quando falamos em trabalhar a imagem da gestão pública, não estamos nos referindo a utilizar estratégias de caráter exaltador, mas, sim, de **recuperar a credibilidade** tão abalada de nossas instituições e reconquistar a confiança da população em busca de sua participação nos processos. Assim, de acordo com Oliveira et al. (2013, p. 110), significa "trabalhar a imagem interna nacional da administração pública, a fim de fortalecer o republicanismo e mudar a concepção de que o Estado é distante e indiferente, estimulando, assim, a cidadania, por meio do maior interesse em participar das decisões de interesse público".

Na área de marketing, como vimos em capítulos anteriores, a pesquisa é uma atividade básica, e na gestão pública ela também é muito importante, uma vez que permite o alinhamento das ações às reais demandas da sociedade. Para Oliveira et al., (2013, p. 110), a pesquisa consiste basicamente em "levantar informações sobre os cidadãos em relação a suas necessidades, seus desejos e seus interesses. Essa ação pode ajudar a reduzir as desigualdades sociais, promovendo uma reflexão sobre políticas públicas mais bem direcionadas e mais eficientes".

Um bom exemplo de pesquisa na gestão pública é a *Carta de Serviços ao Cidadão: pesquisa de opinião*, realizada pela Ouvidoria-Geral da Fundação Hemocentro de Brasília (FHB-DF), que procura avaliar, por meio de um questionário eletrônico, o conhecimento do cidadão a respeito dos serviços do Distrito Federal.

Para saber mais

Acesse a *Carta de Serviços ao Cidadão: pesquisa de opinião* da Ouvidoria-Geral da FHB-DF em:

DISTRITO FEDERAL. Fundação Hemocentro de Brasília. **Carta de serviços ao cidadão**: pesquisa de opinião. Brasília, DF, 29 mar. 2016. Disponível em: <http://www.fhb.df.gov.br/noticias/item/2257-carta-de-servi%C3%A7os-ao-cidad%C3%A3o-pesquisa-de-opini%C3%A3o.html>. Acesso em: 18 set. 2017.

No contexto do marketing público, a comunicação é um dos itens básicos necessários em função dos preceitos legais e democráticos. Trata-se de colocar em prática o princípio constitucional da publicidade – "ser transparente, dar publicidade aos fatos e dados" (Brasil, 2009c, p. 20) – e atender à Lei de Responsabilidade Fiscal – Lei Complementar n. 101, de 4 de maio de 2000 (Brasil, 2000).

Um bom exemplo de comunicação no marketing público é o Portal da Transparência, criado pelo Ministério da Transparência, Fiscalização e Controladoria-Geral da União (CGU) – hoje denominado *Ministério da Transparência e Controladoria-Geral da União* –, no qual é possível encontrar informações sobre o Poder Executivo Federal.

> **Para saber mais**
> Conheça o Portal da Transparência em:
> BRASIL. Ministério da Transparência e Controladoria-Geral da União. **Portal da Transparência**. Disponível em: <http://www.portaltransparencia.gov.br/>. Acesso em: 18 set. 2017.

Outras ações de cunho comunicacional na gestão pública dizem respeito ao objetivo de trabalho de cada instituição, como é o caso do Ministério da Agricultura, Pecuária e Abastecimento (Mapa), que lança frequentes campanhas de conscientização e incentivo para o segmento agrícola, como é o caso da campanha protagonizada pelo Incrível Café, um mascote utilizado em propagandas televisivas para estimular o consumo de café, em 2011, e da propaganda de prevenção da praga do Greening, em 2008.

Ainda no tópico *comunicação*, não podemos nos esquecer dos canais de televisão que, em princípio, têm a função comunicativa na gestão pública, como a TV Senado, que transmite, de Brasília, as sessões do Senado Federal no Congresso Nacional, e a TV Câmara, que transmite eventos, debates jornalísticos e culturais, documentários, filmes independentes, discussões e procedimentos da Câmara dos Deputados do Brasil.

Para que as organizações públicas possam melhorar seu desempenho e, por conseguinte, melhorar o atendimento à sociedade, é essencial que realizem uma reestruturação interna, que depende de um processo de retomada do que seria o serviço público. E é nesse momento que surge o **endomarketing**, isto é, "o conjunto de ações focadas no público interno que tem como objetivo conscientizar funcionários e chefias para a importância do atendimento de excelência ao público" (Resende, 2013, p. 45).

No contexto público, o endomarketing assume a função de "reforçar o compromisso dos servidores e dos tomadores de decisão com o interesse público, na intenção de fortalecer a responsabilidade com o serviço público prestado, valorizando o caráter participativo" (Oliveira et al., 2013, p. 110).

Segundo o Documento de Referência do GesPública (Brasil, 2009c), é necessário um direcionamento da força de trabalho para que seja possível satisfazer às expectativas e demandas da sociedade. Essa ação pode ser executada, por exemplo, por meio de planos de carreira dos servidores públicos, que normalmente contemplam pontuação por novas qualificações, como cursos de pós-graduação, e pela formação em escolas de governo, cuja função é requalificar os servidores.

Para saber mais

No *site* da Rede Nacional de Escolas de Governo, você encontra mais informações sobre o assunto. Acesse:

BRASIL. Escola Nacional de Administração Pública. **Rede Nacional de Escolas de Governo.** Disponível em: <https://redeescolas.enap.gov.br/>. Acesso em: 18 set. 2017.

Marketing público na prática

Nas organizações públicas, o marketing se concretiza por meio de orientações e ações que buscam adaptá-las ao novo modelo de gestão, e entre estas se destacam a **qualidade nos serviços** públicos, o atendimento ao cidadão, a **carta de serviços** e a **pesquisa de satisfação dos usuários dos serviços públicos**. Nas seções a seguir, explanamos cada um desses itens.

Qualidade nos serviços públicos

A questão da qualidade na gestão pública vem sendo trabalhada desde a década de 1990 e acabou se perdendo em meio ao excesso de burocracia das questões processuais e aos altos custos das organizações públicas, com seus trâmites intermináveis, o que culminou na busca pela melhoria do atendimento ao cidadão, que muitas vezes compara o atendimento da iniciativa privada com o da pública. Trata-se fundamentalmente de rever os processos e criar padrões na gestão pública que possam ser atingidos e que gerem melhoria para a sociedade.

Sob o olhar do marketing, esses esforços possibilitam a determinação de como os cidadãos devem ser atendidos e do melhor direcionamento para que suas necessidades sejam supridas.

Um bom exemplo é a formalização de indicadores relativos ao acesso dos cidadãos à informação realizada pelo Ministério dos Transportes. Para tanto, tais indicadores foram divididos em cinco grandes dimensões, quais sejam (Brasil, 2012):

1. **demanda (D)** – quantitativo de demanda de solicitação;
2. **tempo (T)** – tempo de entrega das informações;
3. **qualidade (Q)** – qualidade da resposta;
4. **natureza (N)** – origem ou natureza da demanda;
5. **melhoria contínua (M)** – melhoria do processo ou disponibilização de informações.

Assim, para que a gestão pública possa ir ao encontro das expectativas dos usuários dos serviços públicos, é necessário que as organizações públicas introduzam pressupostos de qualidade em direção à satisfação desses usuários.

Atendimento ao cidadão

Um dos principais desafios do marketing público é a **mudança de postura e de atendimento ao cidadão**. O que se almeja é a mudança não só da forma como os usuários dos serviços públicos são atendidos, mas sobretudo dos conceitos de atendimento, incluindo-se aqui uma perspectiva de agregação de valor a esse processo.

A conscientização de que essa etapa é a razão de ser da gestão pública é, sem dúvida, um grande desafio para os gestores públicos. Para que isso ocorra, é preciso partir de um trabalho de revisão processual e criação de métricas de atendimento, como estruturação de prioridades, prazos de atendimentos e procedimentos de reclamações.

A urgência dessas mudanças já vem sendo percebida pelo Estado e, por esse motivo, foram criadas várias iniciativas que buscam a institucionalização de um atendimento ao cidadão de forma diferenciada, como a Lei n. 10.294, de 20 de abril de 1999 (São Paulo, 1999), que dispõe sobre a proteção e defesa do usuário do serviço público do Estado de São Paulo.

Paralelamente a esses atendimentos, há também os serviços de ouvidoria, que têm como objetivo ouvir os cidadãos quanto ao serviço prestado e melhorar o atendimento das demandas, como é o caso da Ouvidoria do Governo do Estado de São Paulo.

> **Para saber mais**
> A iniciativa de criar ouvidorias tem se espalhado por todo o Brasil, o que mostra uma tendência de buscar o diálogo e a melhoria do atendimento ao cidadão. Conheça a lista de ouvidorias públicas em:
> BRASIL. Ministério da Transparência e Controladoria-Geral da União. Ouvidorias.gov. **Buscador de ouvidorias**. Disponível em: <http://www.ouvidorias.gov.br/cidadao/lista-de-ouvidorias>. Acesso em: 18 set. 2017.

Outro exemplo interessante no que diz respeito ao atendimento é o uso das tecnologias da informação e comunicação (TICs) como forma de agilizar o atendimento. No portal do Ministério Público Federal (MPF), por exemplo, você pode consultar e registrar denúncias e acessar a ouvidoria do MPF.

Carta de serviços ao cidadão

Com a finalidade de **garantir a qualidade da prestação de serviços aos cidadãos**, a *Carta de serviços ao cidadão* é um documento que estabelece o compromisso da organização pública com essa prestação de serviços. Ela é, antes, o resultado dos esforços da reinvenção dos processos das organizações públicas, a formalização dos processos que é publicitada para a sociedade.

De acordo com Brasil (2014a, p. 14),

> *A Carta de Serviços ao Cidadão é o documento no qual o órgão ou a entidade pública estabelece o compromisso de observar padrões de qualidade, eficiência e eficácia na execução de suas atividades,*

perante os seus públicos alvos e a sociedade em geral, especialmente aquelas de prestação direta de serviços públicos.

Ela trata do processo de gestão do atendimento e mostra, com detalhes, o passo a passo para elaboração e implementação do compromisso de observar padrões de qualidade, o qual deve ser elaborado por qualquer órgão e entidade da administração pública federal, estadual, municipal ou do Distrito Federal que presta serviços diretamente ao cidadão/usuário dos serviços públicos.

Além da função de formalização do compromisso da organização para com o cidadão, a carta de serviços proporciona o esclarecimento e a conscientização da população em relação aos serviços prestados pelas organizações públicas.

A transparência organizacional possibilitada pela carta de serviços é um ponto-chave para o estabelecimento de um processo de participação pública, uma vez que esse documento

permite aos cidadãos, ao mercado e aos demais agentes do Setor Público acompanhar e aferir o real desempenho institucional no cumprimento dos compromissos que o órgão ou entidade assumiu. Nesse sentido, ela contribui para a ampliação dos níveis de legitimidade e de confiança que a sociedade deposita na instituição. (Brasil, 2014a, p. 14)

Não existe uma obrigatoriedade de criação da carta de serviços, porém é recomendado que toda instituição pública a desenvolva. Na prática, ela é feita em diversos formatos: a Carta de Serviços das Loterias da Caixa Econômica Federal (CEF) é disponibilizada em arquivo em formato Portable Document

Format (PDF), ou formato de documento portátil, e traz um detalhamento item a item em um total de 29 páginas; a Carta de Serviços do Tribunal Regional do Trabalho (TRT) 14ª Região (Rondônia e Acre) está disponível nos formatos PDF e áudio; a Carta de Serviços do Instituto Nacional de Seguridade Social (INSS) é um quadro resumo com todas as informações de seus serviços.

Para saber mais

Conheça a Carta de Serviços ao Cidadão de 2014 desenvolvida pela Secretaria de Gestão Pública (Segep), do Ministério do Planejamento, Orçamento e Gestão (MPOG), em:

BRASIL. Ministério do Planejamento, Orçamento e Gestão. Secretaria de Gestão Pública. **Carta de Serviços ao Cidadão**: guia metodológico. Brasília: MP/Segep, 2014. Disponível em: <http://www.gespublica.gov.br/sites/default/files/documentos/carta_de_servicos_ao_cidadao_-_guia_metodologico.pdf>. Acesso em: 18 set. 2017.

Pesquisa de satisfação

A atividade de pesquisa é uma das bases para o planejamento de marketing. No que concerne à pesquisa de satisfação, o art. 20 do Decreto n. 9.094, de 17 de julho de 2017 (Brasil, 2017a), apresenta as seguintes orientações:

> Art. 20. Os órgãos e as entidades do Poder Executivo federal deverão utilizar ferramenta de pesquisa de satisfação dos usuários dos seus serviços, constante do Portal de Serviços do Governo federal, e do Sistema de Ouvidoria do Poder Executivo federal, e utilizar os

dados como subsídio relevante para reorientar e ajustar a prestação dos serviços.

Desse modo, a pesquisa de satisfação deve ser realizada de forma periódica e tem como principal objetivo assegurar a participação dos cidadãos na avaliação e no controle da gestão pública.

Por meio da criação da carta de serviços e da determinação de indicadores para cada um dos serviços, as instituições públicas podem realizar avaliações ou pesquisas de satisfação e, assim, gerar análises e parâmetros para gestão e melhoria dos serviços.

Para saber mais

O livro *Reinventando o governo: como o espírito empreendedor está transformando o setor público*, de David Osborne e Ted Gaebler, é a base para a fundamentação da proposta da nova gestão pública. Ele apresenta uma reflexão sobre a necessidade de mudança na postura do Estado diante dos novos desafios impostos pelas novas demandas da sociedade. Além disso, traz uma visão da tendência da gestão pública como um todo, apresentando exemplos internacionais que justificam um dos pressupostos da gestão pública. Trata, ainda, de questões como a postura empreendedora do governo, a participação social no governo, o governo competitivo – uma nova postura visando ao resultado e o foco no cidadão. Saiba mais em:

OSBORNE, D.; GAEBLER, T. **Reinventando o governo**: como o espírito empreendedor está transformando o setor público. Brasília: MH Comunicação, 1998.

Marketing político

Antes de iniciarmos o estudo desta seção, vamos diferenciar os conceitos de *marketing político* e de *marketing eleitoral*.

Marketing político diz respeito ao conjunto das ferramentas de marketing que têm como objetivo possibilitar que determinado(a) candidato(a) a cargo eletivo construa um nome que goze de boa receptividade por parte de seus possíveis eleitores, muitas vezes destacando seus pontos fortes, como qualidades e características positivas, outras vezes transformando seus pontos fracos em fortes; ou seja, fazendo tudo o que possa servir para torná-lo(a) conhecido(a) e aceito(a) perante o seu eleitorado.

Seguindo essa lógica de raciocínio, torna-se adequado direcionar o discurso do candidato de acordo com as necessidades do seu eleitorado, e não há nada de errado nisso, uma vez que o marketing tem como premissa entender as necessidades do consumidor e atendê-las. É neste ponto que entra em cena o **marketing eleitoral**, que busca justamente compreender as necessidades do cidadão e propor meios de supri-las – a diferença é que o(a) político(a) somente pode confirmar o que dito em seu discurso após ser eleito.

O marketing político é algo mais permanente e está relacionado à formação de uma imagem a longo prazo. Já o marketing eleitoral, segundo Manhanelli (1992, p. 22, grifos do original),

> *consiste em implantar técnicas de* marketing político *e comunicação social integrados, de forma a angariar a aprovação e simpatia da sociedade, construindo uma imagem do candidato que seja sólida*

e consiga transmitir confiabilidade e segurança à população elevando o seu conceito em nível de opinião pública.

Com esse objetivo, o marketing eleitoral recorre à quase totalidade das ferramentas de comunicação disponíveis no mercado. Seu início, no entanto, se dá com o trabalho de pesquisa, tal qual ocorre com outras modalidades de marketing. Essa sondagem inicial é a responsável por apontar os rumos para a construção da trilha que, futuramente, deverá nortear a caminhada do projeto de marketing político.

O foco do marketing eleitoral é, em síntese, a criação da imagem do candidato ou do partido a curto prazo, uma vez que, em uma eleição, o fator tempo é fundamental.

De acordo com o Valenciano (2008) de modo geral, uma campanha eleitoral passa por uma sequência de etapas. Podemos condensá-las em três fases mais importantes:

1. **Pré-campanha**: É o momento de planejar e organizar as fases que virão a seguir. Como o tempo é algo escasso num processo eleitoral, o planejamento é essencial. As medidas fundamentais a se tomar nessa etapa incluem: parcerias com as lideranças locais (tanto no caso de cargos proporcionais quanto de majoritários); aproximação com associações de classe e organizações não governamentais (ONGs) que apoiam causas afins com a plataforma ou linha adotada pelo candidato; busca de apoiadores; identificação de perfis e nichos específicos de eleitores em potencial; seleção de militantes partidários.

2. **Lançamento oficial da candidatura e início efetivo da campanha**: É a chamada *fase de exposição da imagem do candidato*, em que se confere destaque às suas propostas. Nessa etapa, é plausível o uso de mídias, desde que com anuência legal, observando a legislação vigente (é possível, por exemplo, usar a mídia para expor o *slogan* do candidato e destacar as conquistas de sua carreira, se for o caso). Esse período dura, no máximo, 30 dias e é a oportunidade para conquistar e angariar apoiadores e pessoas que se identifiquem com a mensagem do candidato. O objetivo principal nesse momento é tornar a candidatura conhecida por meio de eventos – no caso de a candidatura ser para prefeito, por exemplo, o apoio de candidatos a vereador que tenham nome e popularidade de peso pode resultar em votos. Para que isso se concretize, uma boa assessoria de imprensa é fundamental.

3. **Desenvolvimento e consolidação da candidatura**: Tem duração média de até 20 dias e envolve viagens (se for o caso) e encontros com o eleitorado. Na fase anterior, o candidato já iniciou o desenvolvimento da sua imagem, então esta é a hora de ele se aproximar dos seus eleitores, de participar de programas eleitorais e debates em rádios e na TV, com o devido preparo para tal. É nesse momento também que o candidato deve ir às ruas e se fazer presente nos mais variados eventos – tanto no caso de uma eleição proporcional quanto de um pleito majoritário, cada ação é investida de maior ou menor relevância.

Na obra *Voto é marketing, o resto é política: sobre a natureza do processo eleitoral*, de autoria de Pacheco e Serpa (2004), são elencadas as principais ações estratégicas do marketing político. Entre elas, destacamos quatro que, no nosso entendimento, são particularmente relevantes:

1. Compreender como funciona a cabeça do eleitor antes de qualquer tomada de decisão;
2. Ter um perfil desejado pelos eleitores é insuficiente; é necessário, portanto, associar a imagem do candidato ao eleitorado, antes que os adversários o façam;
3. Salientar as características favoráveis do candidato, controlar ou minimizar as suas falhas e, na medida do possível, convertê-las em virtudes;
4. Direcionar as forças da campanha a segmentos que ofereçam maior potencial de votos.

Você sabia?

De acordo com Santos (2014), uma das dicas mais comuns para candidatos a algum cargo público é fazer a **posição de super-homem**: mãos na cintura, peito estufado, barriga para dentro, pernas ligeiramente afastadas de forma a ficarem plantadas no chão e pés paralelos. Essa postura, se mantida por cerca de 2 minutos, faz com que o cérebro aumente os níveis de testosterona no organismo e eleve o grau de energia e confiança do candidato. Interessante, não?

Fonte: Elaborado com base em Santos, 2014.

Estudo de caso

Nesta seção, abordaremos uma estratégia vencedora: a campanha de 2008 de Barack Hussein Obama para a presidência dos Estados Unidos, a qual, na ocasião, promoveu uma grande revolução no marketing político, principalmente no que tange ao emprego de estratégias políticas em **ambiente digital**.

Na época, o candidato norte-americano, um afrodescendente cujo nome completo lembra o de dois grandes inimigos dos Estados Unidos – Osama bin Laden e Saddam Hussein – era pouco conhecido e não tinha tanta experiência, fatores que tornavam bastante improvável que sua candidatura decolasse. No entanto, seus oponentes não contavam com a astúcia do democrata – ou, melhor dizendo, não contavam com uma boa estratégia no campo adversário.

Figura 2.8 – Barack Obama durante sua campanha para a presidência dos Estados Unidos em 2008

Action Sports Photography/Shutterstock.com

O caminho adotado foi investir em um *site* que reunisse todas as redes sociais existentes naquele momento e veiculasse conteúdo atualizado sobre diversos assuntos relevantes, e também um fórum *on-line* 24 horas por dia. Além disso, a campanha de Obama disponibilizou um aplicativo para uso em *smartphones* por meio do qual era possível acompanhar a agenda do candidato e a sua própria rede social, a My.BarackObama.com, que na ocasião alcançou cerca de **35 mil grupos ativos** e **400 mil postagens diárias**. Graças a tais recursos, Obama tinha perfil ativo em todas as redes sociais – e **isso tudo ocorreu há quase 10 anos**.

Seguindo essa tendência de mudanças comportamentais, o comitê de Obama conseguiu gerar algo até certo ponto inédito na época: o termo *engajamento*, muito em alta nos dias de hoje, foi aplicado com grande eficiência, pois grande parte da população passou a desejar fazer parte da campanha. Consequentemente, as doações aumentaram e o *slogan* da campanha de Barack Obama conseguiu atingir grande efeito emocional entre seus eleitores, pois apelou à sensibilidade movida pela esperança de dias melhores.

Segundo Coutinho (2012), Obama engajou a população a fazer doações, posicionou-se como homem simples, moderno e heroico e apresentou propostas impactantes, o que o levou ao posto de 44º presidente dos Estados Unidos, exercendo dois mandatos que, somados, duraram de 2009 a 2017.

Síntese

Neste capítulo, abordamos algumas modalidades distintas de marketing de serviços: o marketing jurídico, o marketing magistral, o marketing notarial, o marketing público e o marketing político. Apresentamos as características mais relevantes de cada um desses mercados que, atualmente, estão em grande evidência. Também obtivemos informações importantes sobre a qualidade nos serviços públicos, a qual frequentemente padece pelo excesso de burocracia existente no Brasil nesse setor.

Questões para revisão

1. O livro *Voto é marketing, o resto é política: sobre a natureza do processo eleitoral*, de autoria de Pacheco e Serpa (2004), cita as principais ações estratégicas do marketing político. Neste capítulo, destacamos quatro delas. Descreva duas dessas ações estratégicas.

2. No que consiste a Carta de Serviços ao Cidadão e qual é a sua finalidade?

3. Assinale a alternativa que apresenta, na sequência correta, as três fases de uma campanha eleitoral:
   a. Pós-campanha; lançamento oficial da candidatura e início efetivo da campanha; desenvolvimento e consolidação da candidatura.
   b. Pré-campanha; lançamento oficial da candidatura e início efetivo da campanha; desenvolvimento e consolidação da candidatura.

c. Assinatura de coligação; lançamento oficial da candidatura e início efetivo da campanha; pré-campanha.

d. Lançamento oficial da candidatura e início efetivo da campanha; desenvolvimento e consolidação da candidatura; pré-campanha.

e. Nenhuma das alternativas anteriores.

4. Etapa em que se deve planejar e organizar as fases subsequentes. Algumas das ações mais importantes nesse momento são: firmar parcerias com lideranças locais; aproximar o candidato das associações de classe e ONGs que apoiam causas afins com a sua plataforma política; buscar apoiadores; reconhecer perfis e nichos específicos de eleitores em potencial; selecionar militantes.
Essa descrição é compatível com qual etapa de uma campanha eleitoral?

a. Pré-campanha.
b. Pós-campanha.
c. Lançamento oficial da candidatura.
d. Desenvolvimento e consolidação da candidatura.
e. Nenhuma das alternativas anteriores.

5. É o servidor público que não tem nenhum tipo de vínculo hierárquico com qualquer órgão da administração pública das esferas municipal, estadual ou federal:

a. Deputado distrital.
b. Senador.
c. Governador.

d. Tabelião.
e. Nenhuma das alternativas anteriores.

Questão para reflexão

1. Quais aspectos relacionados à gestão do seu negócio você considera relevantes e acredita que poderiam ser caracterizados como diferenciais da organização?

capítulo 3
mídias

"A mídia evolui de forma muito rápida e a adequação às mudanças no mercado fazem parte do processo de formação do novo perfil do gestor."

Prof. Ney Queiroz Azevedo
CEO Agência de Marketing Green Digital

Conteúdos do capítulo:

» Conceito de mídia/*media*.
» Tipos de mídia.
» *New media* (nova mídia).
» *Print media* (mídia impressa).
» *Audiovisual media* (mídia audiovisual).
» *Audio media* (mídia de áudio).

Após o estudo deste capítulo, você será capaz de:

1. discorrer sobre o conceito de mídia/*media* e adequá-lo à sua necessidade;
2. elencar os tipos de mídias existentes.

O que você entende por mídia? Na sua opinião, quais são as mídias mais relevantes? Grave bem a sua resposta, pois, ao final da leitura deste capítulo, talvez você confirme a sua percepção sobre o assunto ou passe a pensar diferente.

Conceito de mídia/*media*

Quando nos perguntamos qual é a melhor mídia, tendemos a pensar naquela que mais usamos, de que mais gostamos ou somos fiéis. Por exemplo, se você passa muito tempo navegando na internet, provavelmente responderá que ela é a melhor mídia; se você passa o dia assistindo à televisão, vai pensar nesse veículo midiático, e assim por diante. Mas, lembre-se: a melhor mídia será a mais adequada ao objetivo pretendido. Isso ficará mais claro após a leitura deste capítulo.

De acordo com Xavier Dordor (2007, p. 112),

> Mídia tem sua origem no inglês media e significa meios. Escrever mídia como se pronuncia, ao invés de media como o original em inglês, foi a forma que o Grupo de Mídia de São Paulo, no final da década de 70, encontrou para padronizar a grafia e afastar-se do significado que a palavra media possui em português.
>
> Mídia designa o departamento da agência de propaganda encarregado de colocar a campanha no ar, assim como o profissional que nele atua, cuja função principal é viabilizar a veiculação da campanha para determinado público, de maneira eficiente e rentável.

Até alguns anos atrás, considerávamos que eram quatro as mídias publicitárias de massa mais importantes: o jornal, a revista, o rádio e a televisão. Ao longo do século XX, essas quatro mídias pilotaram os orçamentos de publicidade dos comunicadores de marketing. As revistas e os jornais dominaram praticamente toda a primeira metade do século anterior, mas, com o surgimento da rádio como mídia de difusão e a ascensão da televisão nos anos 1950, houve uma grande mudança no cenário publicitário. Com o advento da internet, porém, esse universo tornou a mudar (e muito), e a "melhor mídia", isto é, o melhor meio para veicular uma mensagem, passou a depender dos objetivos do anunciante, das necessidades criativas, do desafio competitivo e dos recursos financeiros.

Diante desse novo quadro, deveria ser possível afirmarmos, então, que os anos de glória da televisão como mídia publicitária já se foram, principalmente devido aos esforços incessantes dos especialistas em marketing na identificação de pontos publicitários menos congestionados e mais econômicos para seus potenciais clientes. No entanto, a televisão permanece firme, como mostram os números da Tabela 3.1, que vemos a seguir. Vale lembrar, afinal, que a televisão não tende a desaparecer, pois ela vem sendo integrada à internet. O que ocorre atualmente é apenas um momento de ruptura no padrão existente.

Tabela 3.1 – Hábitos de consumo de mídia pela população brasileira em 2015

Televisão	40,95%
Rádio	23,71%
Internet	20,69%
Jornais (impressos)	9,05%
Revistas (impressas)	5,60%

Fonte: Adaptado de Trii, 2015.

A redução do recurso à televisão deve-se em grande parte ao advento da internet como mídia publicitária viável – atualmente, o monstro do mundo publicitário é a publicidade *on-line*. Tal declínio da primazia da TV pode ser considerada uma consequência natural do surgimento de uma mídia nova e aparentemente revolucionária, pois, uma vez que a utilização da internet como meio de veiculação de campanhas publicitárias continua aumentando, as quatro mídias tradicionais acabam sendo sacrificadas.

É claro que os especialistas de marketing perseguirão a audiência onde quer que ela esteja e direcionarão seus investimentos em publicidade para as mídias nas quais os consumidores alocam o seu tempo.

> **Para refletir**
>
> Após pesquisar sobre o tema, ou mesmo considerando apenas seu *"feeling"* (percepção, sentimento) a respeito dele, você acha que as mídias publicitárias tradicionais, as quais atenderam às necessidades dos anunciantes durante muito tempo, estão fadadas à extinção? Antes de discutir esse assunto com seus amigos e familiares, lembre-se de que a palavra de ordem é *reinventar*, ou seja, adequar os modelos existentes às novas tendências para que possam ser utilizados pelas novas gerações. Nesse sentido, podemos dizer que as mídias tradicionais não estão necessariamente desaparecendo; porém, aquelas que não atentarem às mudanças, por certo terão fim.

Tipos de mídia

Na seção anterior, abordamos o significado de *mídia* e cinco tipos dela – jornal, revista, rádio, televisão e internet. No entanto, há inúmeros outros tipos, entre os quais se destacam:

» o mobiliário urbano;
» o cinema;
» a carta;
» o fanzine (revista feita por fãs para fãs);
» o CD;
» o *podcast*;

» o livro;
» o *outdoor*;
» o *outbus* (anúncio publicitário veiculado na parte externa de ônibus, principalmente no transporte público);
» o panfleto;
» a publicação em quadrinhos.

Esses tipos de mídia podem ser categorizados, o que facilita a nossa compreensão sobre o assunto e permite identificarmos a influência de cada um deles sobre nosso dia a dia, nosso comportamento e nossos hábitos como consumidores. Assim, são estas as categorias:

» *new media* (nova mídia, como a internet);
» *print media* (mídia impressa, como jornais e revistas);
» *audiovisual media* (mídia audiovisual, como a televisão);
» *audio media* (mídia de áudio, como o rádio).

Nas próximas seções, apresentamos cada uma dessas categorias.

New media (nova mídia)

Inúmeras novas tecnologias surgem diariamente a fim de suprir as necessidades do mercado e criam novas formas de comunicação e interação. Nesse contexto, o principal representante da categoria *new media* é a internet, cujo nome "deriva da junção de duas palavras em inglês: *interconnected network*, que significa rede interconectada e designa a rede mundial pública de computadores, interligados por cabos ou tecnologias sem fio (*wireless*)." (Limeira, 2007, citada por Oliveira, 2015).

Os gráficos a seguir apresentam números relativos ao acesso à internet no Brasil nos primeiros trimestres de 2013 e 2014, respectivamente.

Gráfico 3.1 – Evolução do número de pessoas com acesso à internet em qualquer ambiente, em milhões

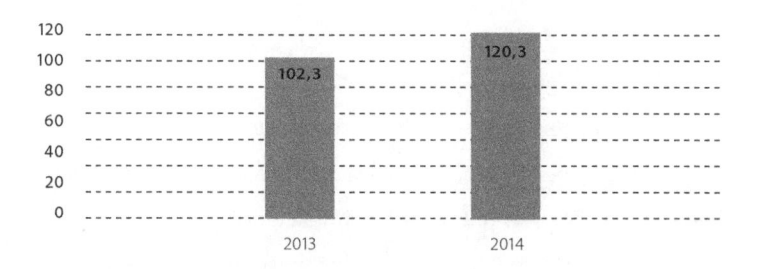

```
120 ┬──────────────────────────────────────
100 │                              120,3
 80 │           102,3
 60 │
 40 │
 20 │
  0 └───────────────────────────────────
            2013              2014
```

Fonte: Adaptado de Nielsen Ibope, citado por Número..., 2014.

Gráfico 3.2 – Distribuição do número de pessoas com acesso à internet, em percentual, segundo a faixa etária, em 2014

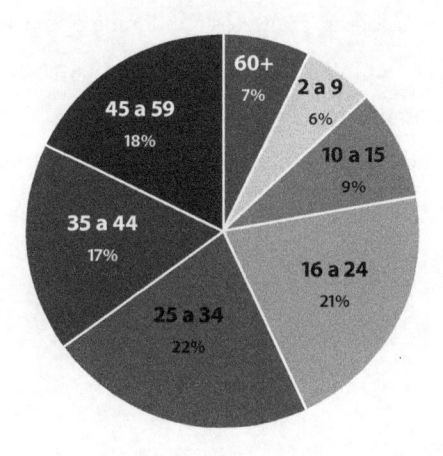

- 60+: 7%
- 2 a 9: 6%
- 10 a 15: 9%
- 16 a 24: 21%
- 25 a 34: 22%
- 35 a 44: 17%
- 45 a 59: 18%

Fonte: Adaptado de NetView; Nielsen Ibope, citados por Número..., 2014.

A internet tem aplicabilidade **multifacetada**. Em termos comerciais, um de seus principais focos é a geração de demanda, uma vez que se trata de um ótimo ambiente para realizar transações, como preencher pedidos e efetivar o atendimento ao cliente, além de funcionar como mídia publicitária. Quanto mais a internet é utilizada, mais ela cresce.

Print media (mídia impressa)
A mídia impressa, também chamada de *mídia off-line*, é considerada um dos meios de comunicação mais comuns existentes no mercado, e você certamente já foi "impactado" por ela em algum momento. Trata-se de um meio tradicional que engloba materiais impressos em gráficas ou birôs de impressão (impressão digital feita em pequenas e médias tiragens por máquinas copiadoras conectadas a um computador), dos quais fazem parte jornais, revistas, anuários, informativos, marketing direto por meio de malas diretas, fôlderes, panfletos e tudo que possa ser impresso.

Em 2015, a comScore, empresa americana de análise da internet que atende grandes empresas da área de publicidade e mídia do mundo, realizou uma pesquisa sobre o tempo gasto por semana pelas pessoas em determinadas atividades. O Gráfico 3.3, que reproduzimos a seguir, mostra o resultado obtido.

Gráfico 3.3 – Tempo gasto por semana com mídias *off-line* (em horas)

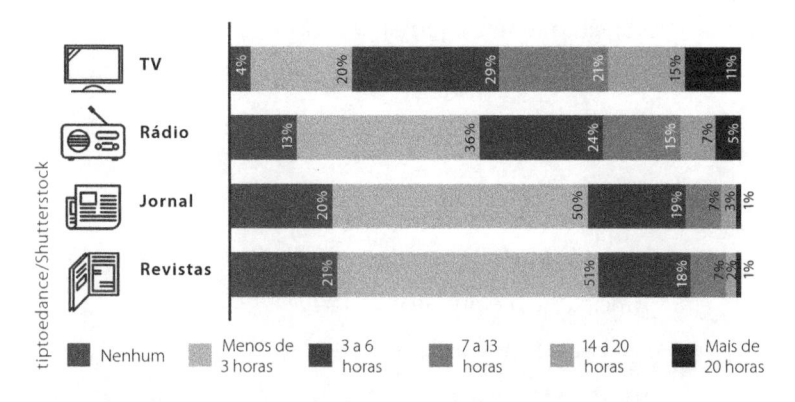

	Nenhum	Menos de 3 horas	3 a 6 horas	7 a 13 horas	14 a 20 horas	Mais de 20 horas
TV	4%	20%	29%	21%	15%	11%
Rádio	13%	36%	24%	15%	7%	5%
Jornal	20%	50%	19%	7%	3%	1%
Revistas	21%	51%	18%	7%	2%	1%

Fonte: Adaptado de comScore, 2015, p. 17.

Assim como todos os meios de comunicação, a mídia impressa de maneira geral, também conhecida como **mídia off-line**, apresenta vantagens e desvantagens. Primeiramente, vamos destacar as vantagens. São elas:

» facilidade de segmentação geográfica;
» presença de cadernos específicos para públicos segmentados;
» credibilidade e tradição do meio;
» agilidade e rapidez na adequação do conteúdo;
» popularidade;
» custo unitário baixo quando comparado a outras mídias;
» alto estímulo visual;
» diversificação de assuntos e matérias;
» adaptabilidade ao ritmo do leitor;

» possibilidade de inclusão de encartes segmentados para oportunidades específicas em localidades específicas – prática comum em jornais e revistas;
» custo relativamente baixo em comparação com outras mídias.

Como desvantagens, podemos destacar:

» é uma mídia frequentemente consumida às pressas, principalmente no caso dos jornais;
» tem baixo índice de leitura regular;
» é de difícil interatividade, sendo necessário o auxílio de outras mídias;
» tem ciclo de vida curto em relação às outras mídias;
» a impressão colorida encarece os custos.

A título de curiosidade, veja no Quadro 3.1 a seguir uma lista dos maiores jornais de circulação paga no Brasil, com a média de circulação dividida por estado.

Quadro 3.1 – Os maiores jornais do Brasil de circulação paga, por ano (2015)

RANK	TÍTULO	UF	MÉDIA DE CIRCULAÇÃO IMPRESSO
1	SUPER NOTÍCIA	MG	249.297
2	O GLOBO	RJ	193.079
3	FOLHA DE S. PAULO	SP	189.254
4	O ESTADO DE S. PAULO	SP	157.761
5	DAQUI	GO	153.049
6	ZERO HORA	RS	152.573
7	DIÁRIO GAÚCHO	RS	148.547
8	EXTRA	RJ	136.831
9	CORREIO DO POVO	RS	102.335

(continua)

IVC – Instituto Verificador de Comunicação

(Quadro 3.1 – continuação)

RANK	TÍTULO	UF	MÉDIA DE CIRCULAÇÃO IMPRESSO
10	MEIA HORA	RJ	96.138
11	AGORA SÃO PAULO	SP	89.135
12	AQUI (CONSOLIDADO)	MG	73.989
13	O TEMPO	MG	60.055
14	EXPRESSO DA INFORMAÇÃO	RJ	52.525
15	ESTADO DE MINAS	MG	48.695
16	LANCE!	RJ	44.592
17	VALOR ECONÔMICO	SP	41.431
18	A TRIBUNA	ES	40.548
19	DEZ MINUTOS	AM	39.243
20	CORREIO BRAZILIENSE	DF	38.894
21	JORNAL NH	RS	38.616
22	GAZETA DO POVO	PR	36.341
23	CORREIO	BA	35.497
24	O DIA	RJ	34.766
25	JORNAL DO COMMERCIO	PE	34.663
26	DIÁRIO DE S. PAULO	SP	34.432
27	DIÁRIO CATARINENSE	RS	31.467
28	A TARDE	BA	28.429
29	CORREIO POPULAR	SP	28.425
30	FOLHA DE LONDRINA	PR	26.297
31	PIONEIRO	RS	24.327
32	AQUI/DF	DF	23.633
33	DIÁRIO DO NORDESTE	CE	22.593
34	DIÁRIO DO PARÁ	PA	22.114
35	GAZETA DE PIRACICABA	SP	21.979
36	AQUI PE	PE	21.859
37	MASSA	BA	21.722
38	CRUZEIRO DO SUL	SP	21.206
39	NA HORA H	DF	20.046
40	A GAZETA	ES	19.084
41	AQUI MG	MG	18.809
42	HORA DE SANTA CATARINA	SC	18.746
43	NOTÍCIA AGORA	ES	18.653
44	DIÁRIO DE SANTA MARIA	RS	18.360
45	JORNAL DE PIRACICABA	SP	18.236
46	DIÁRIO DE PERNAMBUCO	PE	17.888

(Quadro 3.1 – conclusão)

RANK	TÍTULO	UF	MÉDIA DE CIRCULAÇÃO IMPRESSO
47	O POPULAR	GO	17.685
48	O POVO	CE	17.298
49	DIÁRIO DA REGIÃO	SP	17.122
50	A NOTÍCIA	SC	16.121

No que diz respeito a revistas e jornais, em particular, temos como vantagens:

» acessibilidade à maioria das pessoas;
» informação imediata, em comparativo com outras mídias;
» diversificação de público-alvo de acordo com as características do jornal;
» possibilidade de contratar assinaturas – por meio delas é possível separar os leitores em compradores ocasionais, que são influenciados pelas capas ou atraídos por determinadas matérias, e em compradores assinantes, que consomem jornais ou revistas de forma regular, mediante aquisição antecipada, e que prezam pela entrega;
» possibilidade de adequação de conteúdo em relação ao tempo;
» qualidade da escrita – de modo geral, os artigos são escritos e revisados por profissionais especializados.

Como desvantagens, podemos destacar:

» ciclo de vida útil limitado;
» desvalorização logo depois da data de publicação – a revista tem sobrevida maior, pois geralmente o jornal é descartado após a leitura.

Audiovisual media (mídia audiovisual)

Os maiores representantes dessa categoria são o **cinema**, a **televisão aberta**, a **televisão por assinatura** e a **transmissão** *streaming* (serviço de transmissão contínua de imagem e som por meio da internet, sem a necessidade de *download* do produto), cujo exemplo por excelência é a empresa Netflix, grande provedora de filmes e séries de televisão.

No caso do cinema, uma de suas grandes vantagens, uma vez que seu público-alvo é extremamente diversificado – crianças, adolescentes, jovens, adultos e idosos de todas as classes sociais –, é a chamada *segmentação de mercado*, pois como esse meio atinge uma massa tão ampla, é bastante provável que a mensagem alcance múltiplos grupos de indivíduos que com ela se identifiquem. Além disso, ao contrário do que sucede com outro grande meio de comunicação de massa, a televisão, o espectador exposto a essa mídia não tem em mãos o maior dispositivo de evasão dos intervalos comerciais: o controle remoto. Por esse motivo, as vinhetas de patrocínio das sessões ocupam os 5 segundos mais valiosos dessa mídia, que até pouco tempo era considerada elitizada. Adicionalmente, há, ainda, a mídia contida nas <u>bombonnières</u>, nas caixinhas de pipoca e até nas poltronas.

> Estabelecimento comercial normalmente encontrado em cinemas, no qual se vendem guloseimas em geral.

No entanto, você deve estar pensando: "Mas agora temos celulares com acesso à internet, que podem nos distrair ainda mais do que o contpois é!role remoto", certo? Sem dúvida! E é

> Segundo Altermann (2013b), "*crossmedia* vem do inglês e significa 'cruzar' – ou 'atravessar' – a mídia, ou seja, levar o conteúdo além de um meio apenas. O termo em si não é muito comum, mas a utilização desta técnica é. O conteúdo (a mensagem) é distribuído através de diferentes mídias (o meio) para atingir o público (o receptor), mas tudo isso acontece sem que a mensagem tenha qualquer alteração de um meio para o outro. O sentido básico deste termo é que uma pessoa possa acessar o mesmo conteúdo por diferentes meios."

para isso que existe a estratégia de *crossmedia*, mediante a qual se exercita a interação com a plateia, e que já é posta em prática há algum tempo nas salas de cinema brasileiras. Trata-se de um processo de difusão de conteúdos culturais em que estes são veiculados em diversos meios, de forma que o que é divulgado em determinada mídia completa o que é exibido em outra, e assim por diante. O objetivo, segundo Cristiane Finger (2012, p. 124), "é criar uma interação do público com o conteúdo". Exemplo por excelência é o do filme e da série de TV *Antonia*, produzidos pela Globo Filmes. Trata-se de uma narrativa audiovisual cujo conteúdo só é inteiramente conhecido pelo público quando este assiste igualmente ao filme e ao seriado televisivo. Atualmente, existem estratégias de interação *crossmedia* que, além dos conteúdos exibidos na tela, incentivam a plateia a acessar *sites*, redes sociais e participar de promoções por meio de seus dispositivos móveis.

Além disso, as redes de cinema têm buscado diversificar seus serviços. Exemplo disso é o caso da Cinépolis, operadora de cinemas que oferece salas VIP que contam com serviços de garçons e um cardápio elaborado, que vai além da tradicional pipoca. Esses diferenciais cativam o público e tornam o cinema um programa cada vez mais atrativo.

Para saber mais

O *site* da empresa Kinomaxx, especializada em comercialização de publicidade em salas de exibição, permite-nos acessar dados sobre o cinema como mídia e saber em números como funciona esse segmento. Você pode acessá-lo por meio do *link*:

KINOMAXX. **Mídia kit 2016.2017.** 2017. Disponível em: <http://www. kinomaxx.com.br/site/arquivos/geral/Midia_kit_kinomaxx.pdf>. Acesso em: 18 set. 2017.

Ainda sobre interação entre cinema e pessoas, conheça o Moovieplay, que por meio de tecnologia e gamificação é capaz de transformar um ambiente com uma grande tela, como o cinema, em um game social. Saiba mais em: MOOVIEPLAY. Disponível em: <https://www.moovieplay.com.br/>. Acesso em: 18 set. 2017.

A partir de agora, você já pode frequentar seus cinemas preferidos com um olhar mais voltado para o marketing, concorda? Da próxima vez que for ao cinema, observe qual gênero de filme gera mais salas ocupadas e filas mais longas e relacione o horário de exibição com o perfil de quem está no cinema.

Agora, vamos tratar das outras duas representantes da *audiovisual media*: a **televisão aberta** e a **televisão por assinatura**.

Muito se fala sobre o confronto existente entre essas mídias, e a questão mais importante referente ao assunto diz respeito ao destino da televisão aberta dentro do contexto mercadológico que ora se configura. A pergunta que se apresenta de maneira mais evidente é se a TV por assinatura irá ou não substituir a TV aberta num futuro próximo, uma discussão que se torna mais complexa se levarmos em conta o advento dos serviços de *streaming*, como o Netflix, que criou um novo mercado com sua

> "Inovação disruptiva é o fenômeno pelo qual uma inovação transforma um mercado ou setor existente através da introdução de simplicidade, conveniência e acessibilidade em empresas onde a complicação e o alto custo são o status quo." (MJV Blog, 2014, grifo do original).

"inovação disruptiva". Ou seja, será que essas modalidades de distribuição de conteúdo irão conviver no futuro, cada uma com a sua fatia de mercado? E, se for este o caso, como elas existirão como formas de fomento à publicidade?

Trata-se de perguntas que ainda estão por ser efetivamente respondidas, porém existe um caminho de convivência e convergência entre essas mídias, que passa pela própria evolução da tecnologia.

Nesse aspecto, para que possa perdurar, a mídia TV necessita continuar evoluindo e convergindo com as novas mídias, assim como os telespectadores estão evoluindo. Tal é o caso da chamada *Geração Z* (jovens entre 12 e 22 anos em 2017), formada pelos **nativos digitais**, ou seja, por indivíduos que já nasceram num mundo sob forte influência da tecnologia, principalmente da internet. Esses jovens tomam decisões de consumo já com uma visão multitarefa, uma vez que cresceram acostumados a fazer sua própria programação, a escolher seus entretenimentos e até mesmo a produzir seu próprio conteúdo.

Audio media (mídia de áudio)

A rádio, maior representante da categoria *mídia de áudio*, foi inaugurado no Brasil em 7 de setembro de 1922 e hoje alcança uma grande parcela de brasileiros. Assim como as demais mídias, ela também apresenta vantagens e desvantagens. Como **vantagens**, podemos afirmar que a rádio:

» é segmentada, ou seja, pode se comunicar diretamente com um público específico, que tenha interesses em comum;
» abrange também o grande público – conforme a audiência alcançada pela emissora, pode cobrir uma extensa área geográfica;
» desperta uma identificação muito grande com a população, principalmente no interior, enquanto nas grandes cidades a exigência de mobilidade urbana e o longo tempo gasto no trânsito tornam essa mídia atrativa;
» adota uma linguagem adequada a diversos meios;
» adapta-se bem à internet.

Entre as **desvantagens**, destacamos:

» a impossibilidade de exibir visualmente o produto, apelando assim para a imaginação;
» o desinteresse provocado no público pela repetição de anúncios;
» o fato de não veicular mensagens que possam ser lidas.

Para saber mais

A proposta do portal TuneIn é fornecer acesso a mais de 100 mil emissoras de rádio ao vivo e *podcasts* do mundo todo e ainda poder transmitir o seu próprio conteúdo para mais de 60 mil usuários. Saiba mais a respeito desse serviço em:
TUNEIN. Disponível em: <http://tunein.com/>. Acesso em: 18 set. 2017.

Ler sobre mídias e não comparar as vantagens e as desvantagens existentes entre elas é praticamente impossível, você concorda? A nossa visão será sempre de usuário, de anunciante ou de ambos: tudo vai depender do ponto de vista. Pratique o hábito de comparar as mídias e exercite o seu olhar mercadológico!

Síntese

Neste capítulo, apresentamos o conceito de *mídia/media* e descrevemos diversos tipos de mídias, com destaque para a internet, que representa a *new media*; os jornais, livros e revistas, que fazem parte da *print media*; o cinema, a televisão aberta, a televisão por assinatura e o *streaming*, representantes da *audiovisual media*; e a rádio, principal componente da *audio media*. Além disso, vimos vantagens e desvantagens de cada uma dessas mídias, um conhecimento que pode ajudá-lo a decidir qual delas é mais adequada à sua estratégia de marketing.

Questões para revisão

1. A rádio, assim como as demais mídias, também tem vantagens e desvantagens. Tendo isso em mente, cite três vantagens da mídia rádio.

2. Quando se trata da *audiovisual media*, os maiores representantes dessa categoria são o cinema, a televisão aberta, a televisão por assinatura e a transmissão *streaming*. No caso do cinema, cite a maior vantagem no que diz respeito ao seu público-alvo, que envolve crianças, adolescentes, jovens, adultos e idosos de todas as classes sociais:

3. Escrever *mídia* como se pronuncia em vez de *media* como o original em inglês foi a forma que o Grupo de Mídia de São Paulo, no final da década de 1970, encontrou para padronizar a grafia e afastar-se do significado que a palavra *media* tem em português. Nesse contexto, mídia designa:
   a. o conceito de campanha.
   b. o setor de atendimento da agência.
   c. o setor de cobrança da agência.
   d. o departamento da agência de propaganda encarregado de colocar a campanha no ar, assim como o profissional que nele atua, cuja função principal é viabilizar a veiculação da campanha para determinado público, de maneira eficiente e rentável.
   e. Nenhuma das alternativas anteriores.

4. Além dos cinco tipos de mídia considerados tradicionais e apresentados neste capítulo – jornal, revista, rádio, televisão e internet –, é possível destacar ainda:
   a. o teclado virtual.
   b. a impressora.
   c. o cinema.
   d. o *walkie-talkie*.
   e. Nenhuma das alternativas anteriores.

5. Inúmeras novas tecnologias surgem diariamente a fim de suprir as necessidades do mercado, criando-se assim novas formas de comunicação e interação. Nesse contexto, o principal representante da categoria *new media* é:

a. a internet.
b. o rádio.
c. a televisão.
d. o cinema.
e. Nenhuma das alternativas anteriores.

Questão para reflexão

1. Do ponto de vista profissional, as mídias influenciam nas suas escolhas e na sua carreira? E quanto às suas escolhas diárias de alimentação, vestuário e entretenimento?

capítulo 4
influência da mídia na atualidade

"Pensar mercadologicamente de forma estratégica sobre o impacto da mídia no comportamento de compra é fundamental na formação dos gestores desse novo milênio!"

Prof. Helton Magalhães

CEO Agência Academia Digital

Conteúdos do capítulo:
» Influência da mídia.
» Convergência de mídias.

Após o estudo deste capítulo, você será capaz de:
1. compreender o impacto da mídia de forma diferenciada;
2. refletir sobre as ações de mídias que fazem parte do contexto atual;
3. perceber a forma como todas as mídias existentes impactam sua vida, identificando os prós e os contras de cada uma delas;
4. analisar os números das mídias e observar a convergência midiática e suas características.

Você conhece aquele ditado que diz que o fato de não gostarmos de política é bom para os políticos, uma vez que, devido ao nosso desinteresse, eles ficam isentos de cobranças? Em relação à mídia, isso não é muito diferente. Sendo assim, precisamos refletir se não estamos deixando esse meio nos guiar. É por isso que entendê-lo é fundamental, pois só assim podemos avaliar em que proporção ele determina o nosso dia a dia.

Mídia e sua influência em nosso cotidiano

Você costuma pensar na influência que a mídia exerce no seu cotidiano? Até que ponto você é influenciado? Afinal, quais são as mídias que mais influenciam a sua opinião e os seus hábitos? Certamente, há mais perguntas que respostas, mas a intenção deste livro é justamente esta: gerar reflexão, sem dar respostas prontas ou limitar-se a expor a simples opinião do autor. Esse, aliás, deveria ser o objetivo de toda obra.

Não é difícil nos darmos conta de que há um processo de manipulação da mídia, se observarmos que as pessoas cada vez mais se vestem de forma bastante parecida. Modos de vestimenta e certos comportamentos frequentemente estão ligados, por exemplo, ao contexto retratado na nova novela do horário nobre (das 21h). Nesse sentido, se por um lado podemos afirmar que a moda é cíclica – o que hoje é tratado como brega, cafona, amanhã pode ser chique, e vice-versa –, é também verdade que ela pode ser determinada por fatores midiáticos.

Modelos de publicidade que se utilizam de novelas para ditar a moda são aparentemente inofensivos, e o objetivo desta obra não é criticá-los. No entanto, acreditamos ser importante demonstrar a sua existência para que você esteja atento à forma como esse fenômeno ocorre.

A Figura 4.1, a seguir, oferece um exemplo de modismo relacionado a uma novela brasileira.

Figura 4.1 – Tendência de moda de inspiração indiana, motivada pela novela *Caminho das Índias*

Vladanna/Shutterstock

É fato que já se tornou senso comum o de que as telenovelas são a forma mais eficiente de influenciar o consumo. Mas a mídia certamente tem o seu papel positivo, que é o de transmitir a informação e levá-la, por meio da TV, por exemplo, à casa de cada pessoa – no que diz respeito ao Brasil, em particular, um número progressivamente grande de lares tem TV, rádio e acesso à internet. O problema está na qualidade da informação recebida, pois grande parte da programação da TV aberta, por exemplo, aliena quase por completo a sociedade, uma vez que mostra a vida como um constante mar de rosas ou um ininterrupto carnaval de 365 dias, deixando de lado o "fazer pensar", a realidade da pobreza, da violência, da falta de educação e tantos outros problemas.

Para refletir

Você já percebeu que cada vez mais as pessoas deixam de lado o "fazer bem", o "estar bem com a saúde" e acabam se entregando ao "parecer bem"? Será que isso acontece devido à internet? Ou às redes sociais? Ou às novelas? Ou aos filmes?

Isso tudo é absorvido pela sociedade como parte de seu lazer e proporciona uma felicidade superficial, ainda que muito bem recebida pelo chamado *afegão médio*, ou seja, aquele indivíduo que não é formador de opinião e que não busca aprofundar os seus conhecimentos em nenhum assunto.

> Expressão atribuída ao radialista Emílio Surita, da Rede Bandeirantes de comunicação, em alusão ao cidadão massificado pelos meios de comunicação, com grau limitado de educação e baixa capacidade de influência sobre o ambiente social em que vive.

Para saber mais

Para se informar sobre o consumo de mídia pela população brasileira, consulte o documento *Pesquisa brasileira de mídia 2015*, da Secretaria de Comunicação Social da Presidência da República, que apresenta o maior levantamento a respeito dos hábitos de informação dos brasileiros. Saiba mais em:

BRASIL. Presidência da República. Secretaria de Comunicação Social. **Pesquisa brasileira de mídia 2015**: hábitos de consumo de mídia pela população brasileira. Brasília: Secom, 2014. Disponível em: <http://www.cultura.gov.br/documents/10883/1360136/Anexo+Adicional+IV+-+Pesquisa+SECOM+m%C3%ADdia.pdf/42cb6d27-b497-4742-882f-2379e444de56>. Acesso em: 18 set. 2017.

Convergência de mídias

Segundo Pellanda (citado por Pellanda, 2003, p. 3), a "Convergência de mídias se dá quando em um mesmo ambiente estão presentes elementos da linguagem de duas ou mais mídias interligadas pelo conteúdo". É correto pensarmos, então, na convergência tecnológica e midiática como a integração entre vários setores, como o de telecomunicações e o de *hardwares* e *softwares*.

Quanto a esse tema, Castro (2005, p. 5-6) afirma que:

> *Foi-se o tempo que havia uma máquina para cada atividade, seja ela para uso privado ou profissional. Hoje elas convergem em funções e atividades, sendo oferecidas em tamanhos cada vez mais compactos, como é o caso dos palms e dos aparelhos sem fios que permitem utilizar Internet em qualquer lugar do planeta sem necessitar de conexão telefônica.*

O exemplo por excelência da convergência de mídias é o aparelho celular, particularmente o *smartphone*, que une inúmeras mídias em uma só.

Para tornar ainda mais claro como essa convergência está presente em nosso dia a dia, vamos citar um exemplo prático. Lembra-se da série *Lost*, que há algum tempo também foi transmitida pela televisão aberta? Ela usou muito bem a convergência de mídias, uma vez que ultrapassou os limites da TV e foi direto para a internet, o que permitiu a interação com o seu público de uma forma inédita e muito ágil. A comunicação assim instituída consistia na inserção de mensagens dentro dos episódios, as quais impeliam o telespectador a recorrer à internet para pesquisar mais informações sobre o próximo episódio.

Nesse contexto, como afirma Daiana Sigiliano (2013), *Lost* representou um novo formato de mídia, que é basicamente fruto da cultura da convergência que a cada dia vem se espalhando pelos mais variados meios de comunicação e este fenômeno só foi possível porque o público se transformou, e vice-versa.

Síntese

Neste capítulo, obtivemos alguns dados interessantes acerca da convergência de mídias e vimos também alguns exemplos do impacto que a mídia em nosso cotidiano. Para uma assimilação mais fácil do conteúdo abordado, recorremos a alguns exemplos reais provenientes da televisão e da internet. Com base no exposto, esperamos que, a partir de agora, você, leitor, fique atento a que a mídia o expõe e ao que você absorve dela.

Questões para revisão

1. Há estudos que comprovam que as telenovelas influenciam diretamente o consumo. Essa influência é considerada saudável?

2. No que consiste a convergência de mídias?

3. Qual é o aparelho que exemplifica a ideia de convergência de mídias?
   a. Projetor.
   b. *Smartphone*.
   c. Computador.
   d. *Notebook*.
   e. Rádio.

4. Tendências de moda motivadas por personagens de novelas e seriados são:
   a. reflexos da influência da mídia na vida das pessoas.
   b. exemplos de marketing digital.
   c. dados que explicam a crescente valorização de novas mídias.
   d. convergências midiáticas.
   e. influências de mídias interligadas.

5. De acordo com o conteúdo estudado, podemos afirmar que a convergência tecnológica e midiática é uma integração:
   a. entre vários setores de mídia.
   b. entre vários indivíduos que atual na mídia.
   c. entre várias atividades desportivas que recorrem à tecnologia e à mídia para melhorar a *performance* dos atletas.
   d. entre várias entidades governamentais.
   e. Nenhuma das alternativas anteriores.

Questão para reflexão

1. Você vê a convergência de mídias como algo positivo ou negativo? Caso tenha uma conta no Twitter e queira compartilhar a sua resposta com o autor desta obra, além, claro, de aplicar a convergência de mídias na prática, descreva no máximo em 140 caracteres a sua percepção sobre o assunto e marque o usuário @achilesjunior, para que seja possível localizar a sua mensagem.

capítulo 5
tendências de mercado para os próximos anos

Conteúdos do capítulo:
» Principais tendências no mercado consumidor para os próximos anos.
» Oportunidades de negócios para empreendedores.

Após o estudo deste capítulo, você será capaz de:
1. entender como a dinâmica do mercado funciona;
2. acompanhar as mudanças de mercado e perceber como as notícias influenciam na valorização ou desvalorização de marcas e organizações.

Escolher caminhos, identificar oportunidades, atentar ao mercado, pensar nas principais tendências atuais, tudo isso é fundamental para treinarmos o nosso olhar mercadológico. E agora que estamos chegando ao final desta obra, o seu olhar já deve estar mais aguçado em relação a esse assunto, certo?

Empoderamento do consumidor

Pensar na máxima de que o cliente/freguês tem sempre razão parece um posicionamento "clichê" em nosso meio profissional. No entanto, essa máxima torna-se muito mais real e mais forte à medida que os consumidores se sentem empoderados e passam a dispor de alto poder de decisão – você se lembra do que Anderson (2006), citado no Capítulo 2, falou sobre as formigas terem megafones? Esse empoderamento é uma tendência cada vez maior, que se manifesta seja em redes sociais, seja em *sites* especializados em reclamações de consumidores.

É importante salientar que com o empoderamento, o cliente ou freguês por vezes acaba misturando papéis entre o de quem fornece o serviço e o de quem os recebe.

Nesse sentido, vale a pena refletir sobre as seguintes questões: Até que ponto o freguês tem razão? Em tal contexto, onde está o marketing?

Caminhos do marketing

Falar sobre tendências nem sempre é algo fácil, você concorda? As pessoas mudam, o mercado se modifica, a economia segue rumos subitamente diversos em decorrência de determinações do governo ou por influência de algum fator externo incontrolável. São muitos os fatores que tornam a realidade imprevisível. Consequentemente, não existe uma ciência exata que estude tendências, embora alguns campos de estudo o façam com razoável maestria, geralmente os que têm um olhar mais voltado ou para a área tecnológica ou para a área comportamental. Independentemente de existir ou não uma ciência que as tome como objeto de estudo, nós mesmos podemos nos manter atentos às constantes mudanças do mercado, o que pode ser feito com um pouco de atenção e pesquisa.

Conforme seu âmbito de ocorrência, as tendências podem ser **locais, regionais, nacionais, mundiais** e por **segmento de atuação** – como exemplo deste último caso, podemos mencionar o setor de entretenimento.

Algumas certezas, no entanto, são possíveis, entre elas a de que o mundo está a cada dia mais interconectado. Para exemplificar isso, vamos recorrer a uma informação de mercado. Sabe-se que a população mundial está ficando mais velha, gozando de uma expectativa de vida maior e residindo predominantemente no meio urbano, com famílias menores. Por consequência, há mais idosos consumindo produtos e serviços de diversos setores e provenientes de várias partes do mundo. Trata-se, portanto, de idosos com grande poder de compra e alto fator de decisão em suas famílias. Se os compararmos aos idosos da década de 1980, por exemplo, essa nova classe etário-econômica deve viajar mais e exigir ainda mais excelência dos serviços consumidos.

Para refletir

Num cenário de interconexão progressiva, como o que descrevemos aqui, qual será, na sua opinião, o destino da televisão aberta? Como sustentar algum tipo de audiência com concorrentes como Netflix e seus filmes e seriados que caíram no gosto popular? Como competir com o YouTube? Como mudar o foco de atenção de crianças e adolescentes e direcioná-lo para a mídia televisão? Estaria esse meio com os dias contados? Faça o teste em sua casa: observe os componentes de sua família e reflita sobre como cada um absorve informação. Eles se mantêm informados por meio da televisão ou se utilizam de outros meios, como a internet?

Convém ainda chamarmos atenção para a existência de uma classe média cada vez mais forte nos países emergentes que compõem o grupo conhecido como BRICS, a qual dispõe de muito mais acesso à informação. Em outras palavras, trata-se de uma sociedade consideravelmente mais conectada.

> O termo *BRICs* foi criado em 2001 pelo economista Jim O'Neill para designar os quatro países emergentes – Brasil, Rússia, Índia e China – cujo potencial econômico poderia superar as grandes potências mundiais em 50 anos. Inicialmente, a expressão utilizada era *BRICs*, com o "s" minúsculo indicando apenas o plural do termo. No entanto, com a incorporação oficial da África do Sul em 2011, o "s" minúsculo se tornou maiúsculo e, a partir de então, a sigla oficial passou a ser BRICS.
>
> O que no início era apenas uma classificação para identificar um determinado grupo de países com características econômicas semelhantes tornou-se um mecanismo internacional, uma vez que Brasil, Rússia, Índia e China optaram por dar caráter diplomático ao BRICS na 61ª sessão da Assembleia Geral das Nações Unidas, em 2006. Assim, esse mecanismo passou de uma simples expressão utilizada por economistas e cientistas políticos para caracterizar um agrupamento econômico composto por países com grande peso político e econômico.

A seguir, apresentamos algumas das características comuns entre os países que compõem o BRICS e que, por consequência, nos ajudam a entender quais são as principais tendências e as principais necessidades dessas nações.

De acordo com o Supremo Tribunal Federal (STF, 2009), as características mais marcantes dos países integrantes do BRICS são:

> *uma economia estabilizada recentemente; situação política estável; mão de obra abundante e em processo de qualificação; níveis de produção e exportação em crescimento; boas reservas de recursos minerais; investimentos em setores de infraestrutura (estradas, ferrovias, portos, aeroportos, usinas hidrelétricas, etc.); PIB em crescimento; índices sociais em processo de melhoria; diminuição, embora lenta, das desigualdades sociais; rápido acesso da população aos sistemas de comunicação como, por exemplo, celulares e internet; mercados de capitais recebendo grandes investimentos estrangeiros e investimentos de empresas estrangeiras em diversos setores.*

Ao levarmos em consideração essas semelhanças, elencadas em um texto publicado originalmente no ano de 2009, e as parearmos às da realidade atual, ao menos no que diz respeito ao Brasil, vemos em retrospecto o desenvolvimento de uma tendência a um mercado constituído em grande parte por jovens desiludidos com novas oportunidades de trabalho, mas ao mesmo tempo dotados de uma grande vontade de inovar e empreender, principalmente se os compararmos com os da década passada.

Há também a questão da **mobilidade**, que pode ser considerada outra grande tendência de mercado – o fato de os centros urbanos estarem cada vez mais "inchados" soma-se ao de as pessoas terem necessidade real e prática de transitar de um ponto a outro de suas cidades no menor tempo possível. O fator **tempo**, a propósito, caracteriza outra tendência premente de nossa época, a de sua escassez, pois a aceleração imposta por nossos estilos de vida faz com que tempo seja o que menos temos hoje em dia.

O tempo, por sua vez, é amplamente explorado por outro fator: a **conveniência**, uma vez que com a percepção de que as horas do dia são cada vez mais insuficientes para comportar nossas múltiplas atividades, a tendência é tentarmos agilizar o emprego do tempo existente, de modo a aproveitá-lo ao máximo. Nesse contexto, a conveniência ganha terreno: pense em todas as vezes em que você foi abastecer seu veículo e aproveitou para comprar leite, suco ou outro produto qualquer na loja de conveniências do posto de gasolina. É provável que o preço dos produtos adquiridos em tais estabelecimentos seja um pouco maior do que o anunciado pelos supermercados, porém o ganho reside no menor tempo gasto e na comodidade.

Seguindo essa mesma linha, há alguns setores que podem se fortalecer e se beneficiar de mudanças comportamentais como essas, a exemplo dos segmentos de beleza, educação (vide a tendência crescente à educação a distância – EaD), bem-estar, qualidade de vida e alimentação.

Fatores como os mencionados anteriormente fazem-nos pensar nos novos desafios diários que se apresentam perante nós, e pelos quais teremos de passar para sobreviver à lei da selva que impera nos grandes centros urbanos. Cabe perguntarmo-nos, por exemplo, no contexto de aceleração permanente do ritmo de vida a que nos referimos anteriormente, quais serão as novas profissões que deverão fazer parte do cotidiano de nossos filhos e netos?

A resposta para essa pergunta provavelmente poderá ser encontrada no âmbito de uma tendência que já começa a se fazer sentir: a necessidade de especialistas que tenham uma visão generalista, ou seja, de profissionais que sejam muito bons em uma área específica, mas que também tenham um embasamento grande o bastante em outras áreas, para que possa melhor adaptar-se a novas mudanças ou adequações de mercado. Esse é o caso, por exemplo, do político que tem boa técnica e ao mesmo tempo carisma ou senso de bem comum; do profissional da construção civil que sabe tudo sobre edificação de sobrados e casas, mas também tem um bom conhecimento sobre comportamento do consumidor; do dentista que atende com maestria e diferencial crianças e adolescentes porque tem ao menos um conhecimento básico de psicologia infantil.

Ainda no que diz respeito às tendências presentes e futuras do mercado, destacamos alguns tópicos que podem ser úteis para pensar sobre elas, principalmente no que diz respeito ao setor de varejo:

- » crescimento do *e-commerce* (comércio eletrônico) nas redes sociais;
- » uso definitivo do cartão de crédito e do pagamento via celular;
- » fim ou redução drástica da era dos fios e cabos;
- » *engajamento* passa a ser uma palavra de ordem no marketing;
- » aplicativos e serviços são destinados à solução de problemas específicos, por isso será cada vez mais necessário entender as reais necessidades dos consumidores;

» estabilização definitiva do multicanal (não basta estar presente em todas as mídias, as marcas devem atender às necessidades dos consumidores de forma mais eficiente);
» termos como *sustentabilidade, posicionamento* e *reputação* farão cada dia mais parte do comércio, principalmente do setor varejista;
» mensuração do valor de cada cliente.

O Quadro 5.1, que vemos a seguir, elenca oito áreas que, levando em conta as tendências discutidas nesta seção, possivelmente despertarão interesse de investidores nos próximos anos.

Quadro 5.1 – Oportunidades de negócios para empreendedores

Áreas	Atividades
Saúde e qualidade de vida	Estética e rejuvenescimento; saúde pessoal; terapias alternativas; saúde da família; terceirização de atividades domésticas.
Turismo e lazer	Pequenas pousadas; atividades de lazer programadas para atender hotéis; assessoria em viagens internacionais; turismo focado em estilos de vida.
Serviços para a terceira idade	Cuidados com os idosos; serviços previdenciários e atuariais; geriatria e gerontologia.
Consultorias especializadas	Sustentabilidade; bem-estar; desenvolvimento de carreira; consultoria pessoal; planejamento financeiro; consultoria empresarial.
Serviços com base em tecnologia	Novos produtos da informação; desenvolvimento de *softwares*; comunicação digital; otimização e integração de processos empresariais com uso da *web*.
Meio ambiente	Reciclagem de lixo.
Alimentação	Alimentos personalizados – para atender clientes com restrições alimentares etc.; produção de alimentos orgânicos.
Ensino	Educação a distância.

Fonte: Adaptado de Wright; Silva; Spers, 2010, p. 192.

As tendências estão acontecendo, e cabe a você estar sempre atento a elas, principalmente no que se refere à empregabilidade. Nosso conselho é: fique de olho no mercado!

> ## Para saber mais
> Sobre o tema empregabilidade, conheça as carreiras consideradas mais promissoras para o ano de 2017 e para os próximos em:
> PATI, C.; GASPARINI, C. 65 carreiras mais promissoras para 2017, segundo recrutadores. **Exame.com**, 15 dez. 2016. Disponível em: <http://exame.abril.com.br/carreira/65-carreiras-promissoras-para-2017-segundo-recrutadores/>. Acesso em: 18 set. 2017.

Síntese

Neste capítulo final, apresentamos algumas tendências mercadológicas para os próximos anos, com o objetivo de despertar em você a curiosidade e o desejo de se manter sempre atualizado e de ir em busca de seus sonhos pessoais e profissionais.

Questões para revisão

1. Descreva o seu entendimento sobre o tema "empoderamento" como uma tendência cada vez maior por parte dos consumidores.

2. Na sua opinião, o que são tendências?

3. O termo criado em 2001 pelo economista Jim O'Neill, que foi alterado em 2011 e que designa os cinco países emergentes – Brasil, Rússia, Índia, China e África do Sul – cujo potencial

económico poderia superar as grandes potências mundiais
em 50 anos é identificado como:
a. BRICS.
b. TICS.
c. TOCS.
d. BOBS.
e. Unesco.

4. Antes da alteração em 2001 do termo criado por Jim O'Neill para caracterizar determinados países emergentes cujo potencial económico poderia superar as grandes potências mundiais em 50 anos, qual era a sigla usada?
a. BRICs.
b. Mercosul.
c. Univale.
d. ONU.
e. Unesco.

5. Há um grupo de questões capazes de afetar o consumo e a produção de bens e serviços, que podem ser consideradas como uma grande tendência de mercado, pois podem determinar aumento ou diminuição de vendas independentemente do controle de uma organização. Trata-se de tendências diretamente ligadas aos valores, tradições, práticas de consumo e comportamentos coletivos da população. Estamos falando das:
a. questões geográficas.
b. questões económicas.
c. questões políticas.

d. questões culturais.
e. questões ecológicas.

Questão para reflexão

1. Com toda essa gama de informação ao seu alcance, você consegue imaginar o futuro da empregabilidade? Na sua opinião, quais carreiras atualmente existentes devem desaparecer num futuro próximo?

para concluir...

Esta obra, como o título já especifica, versa sobre alguns dos caminhos percorridos pelo marketing. Partindo dessa premissa, procuramos evidenciar o impacto dessa atividade e a sua relevância no processo de decisão de consumo e de influência da mídia no cotidiano dos consumidores dos mais variados segmentos. A explanação dessa temática destinou-se também a fazer com que você, leitor, exercitasse um olhar mais arguto sobre o mercado atual, o chamado *olhar mercadológico*, amplamente abordado nesta obra.

Por meio dos 4 Ps de marketing, que compõem o *mix* mercadológico, conhecemos as motivações que presidem o processo de compra, e salientamos também a relevância dos 4 Cs do composto de marketing.

Outro ponto de destaque diz respeito à pesquisa de marketing. Nesta obra, apresentamos a definição dessa ferramenta, os tipos de pesquisa de mercado existentes e o processo de tomada de decisão com base nos resultados desse tipo de pesquisa. Temos certeza de que, agora que detém a informação sobre esse assunto, você será mais cuidadoso em suas decisões de consumo e, principalmente, na contratação de uma pesquisa de mercado para a empresa em que atua.

O tema *ética no marketing*, de enorme relevância na atualidade, foi um dos assuntos principais deste estudo. Além disso, em outro momento, mais precisamente no Capítulo 2, chamamos a atenção para o marketing de serviços, seus conceitos e oferecemos exemplos extraídos do cotidiano. Em seguida, salientamos o conceito de marketing jurídico e suas melhores estratégias, o marketing magistral, o marketing notarial, o marketing público e como o impacto desses setores nos afeta.

Nesta obra, destacamos ainda a importância de compreender o marketing político e a mídia como forma de influenciar eleitores e consumidores. Agora que você sabe como esse segmento funciona, poderá distinguir se a campanha de determinado candidato resume-se apenas a marketing ou se o candidato realmente possui os atributos que diz ter.

Por fim, apresentamos os tipos de mídia existentes, com destaque para aqueles mais utilizados no nosso dia a dia; a convergência de mídias, um tema bastante atual e que se tornará cada vez mais presente em nossas vidas; e as tendências de mercado para os próximos anos.

Esperamos que o conteúdo deste livro seja de grande valia para o aprimoramento da sua visão mercadológica. Estamos à disposição para esclarecer quaisquer dúvidas sobre os temas tratados aqui por meio do Twitter/Instagran, sob o usuário @achilesjunior ou pelo *site* www.professormarketing.com.br.

referências

101 DICAS rápidas para um marketing digital de resultados. *Resultados Digitais*. Disponível em: <http://resdigitais.wpengine.netdna-cdn.com/materiais-educativos/files/2013/07/101-dicas-de-marketing-digital1.pdf>. Acesso em: 21 ago. 2017.

AAKER, D. A. *Criando e administrando marcas de sucesso*. 3. ed. São Paulo: Futura, 1996.

AAKER, D.; KUMAR, V.; DAY, G. S. *Pesquisa de marketing*. São Paulo: Atlas, 2004.

ABAD, G. et al. Producción colaborativa de material de enseñanza-aprendizaje de Gráfica Digital con aportes multi-disciplinarios. In: IBEROAMERICAN CONGRESS OF DIGITAL GRAPHICS, 10., 2006, Santiago. *Proceedings...* Santiago: Sigradi, 2006. p. 117-121. Disponível em: <http://cumincad.scix.net/cgi-bin/works/Show?sigradi2006_c129b>. Acesso em: 19 set. 2017.

ACADEMIA DO MARKETING. *Marketing político digital*. Disponível em: <http://academiadomarketing.com.br/marketing-politico-digital/>. Acesso em: 21 set. 2017.

ADOLPHO, C. *Os 8 Ps do marketing digital*: o guia estratégico do marketing digital. São Paulo: Novatec, 2011.

AGÊNCIA ESTADO. Vendas pela internet cresceram 27% no 1º semestre, mostra pesquisa. *G1*, 18 ago. 2009. Disponível em: <http://g1.globo.com/Noticias/Economia_Negocios/0,,MUL1271006-9356,00.html>. Acesso em: 14 ago. 2017.

AGUILHAR, L.; CAPELO, R. Marketing viral é estratégia arriscada. *Época Negócios*, 2 ago. 2012. Disponível em: <http://epocanegocios.globo.com/Inspiracao/Empresa/noticia/2012/07/marketing-viral-e-estrategia-arriscada.html>. Acesso em: 14 ago. 2017.

ALDABRA. *O que é uma fanpage?* Disponível em: <https://aldabra.com.br/artigo/o-que-e-uma-fanpage>. Acesso em: 20 set. 2017.

ALTERMANN, D. A geração dos nascidos digitais. *Midiatismo*, 1º jan. 2014. Disponível em: <http://t.co/5pW6dY2gcM>. Acesso em: 21 set. 2017.

_____. Pelo o que os jovens estão abandonando o Facebook? *Midiatismo*, 14 nov. 2013a. Disponível em: <http://www.midiatismo.com.br/midias-sociais/pelo-o-que-os-jovens-estao-abandonando-o-facebook>. Acesso em: 21 set. 2017.

_____. Vamos entender a diferença entre crossmedia e transmídia #cirandablogs. *Midiatismo*, 22 jul. 2013b. Disponível em: <http://www.midiatismo.com.br/o-marketing-digital/vamos-entender-a-diferenca-entre-crossmedia-e-transmidia-cirandablogs>. Acesso em: 21 set. 2017.

ALVES, E. A censura como estratégia de marketing. *Gazeta do Povo*, Curitiba, 25 out. 2010. Disponível em: <http://www.gazetadopovo.com.br/opiniao/conteudo.phtml?id=1061324>. Acesso em: 14 ago. 2017.

ALVES. C. I. de S. *O marketing utilizado como ferramenta para conquistar e manter clientes pelos pequenos supermercados de picos*. 44 p. Monografia (Curso de Bacharelado em Administração) – Universidade Federal do Piauí, Picos, 2011. Disponível em: <http://www.leg.ufpi.br/subsiteFiles/admpicos/arquivos/files/MONOGRAFIA_Celso_09_07.pdf>. Acesso em: 14 ago. 2017.

AMA – American Marketing Association. *Definition of Marketing*. July, 2013. Disponível em: <https://www.ama.org/AboutAMA/Pages/Definition-of-Marketing.aspx>. Acesso em: 20 set. 2017.

AMBROSI, A.; PEUGEOT, V.; PIMIENTA, D. (Coord.). *Desafios de palavras*: enfoques multiculturais sobre as sociedades da informação. Caen: C&F Éditions, 2005.

ANDERSON, C. *A cauda longa*: do mercado de massa para o mercado de nicho. 5. ed. Tradução de Afonso Celso da Cunha Serra. Rio de Janeiro: Elsevier, 2006.

ANDRADE, E. O que aprender com 10 campanhas de marketing viral. *Exame.com*, 15 ago. 2013. Disponível em: <http://exame.abril.com.br/pme/noticias/o-que-aprender-com-10-campanhas-de-marketing-viral>. Acesso em: 14 ago. 2017.

ANDRADE, V. O caminho do mercado farmacêutico no Brasil. *Saúde Business*. 29 abr. 2014. Disponível em: <http://saudebusiness.com/caminho-mercado-farmaceutico-brasil-onde-vem-vai/>. Acesso em: 20 set. 2017.

ANFARMAG – Associação Nacional de Farmacêuticos Magistrais. *Histórico*. Disponível em: <http://www.anfarmag.org.br/historico>. Acesso em: 14 ago. 2017.

ANGELO, C. F. de; GIANGRANDE, V. (Coord.). *Marketing de relacionamento no varejo*. São Paulo: Atlas, 2000.

ANGELO, C. F. de; SILVEIRA, J. A. G. da. *Varejo competitivo*. São Paulo: Atlas, 2000.

ANJ – Associação Nacional de Jornais. *Os maiores jornais do Brasil de circulação paga, por ano*. 2015. Disponível em: <http://www.anj.org.br/maiores-jornais-do-brasil/>. Acesso em: 14 ago. 2017.

ANOREG-BR – Associação dos Notários e Registradores do Brasil. *Código de Ética da Anoreg-BR aprovado A.G.E. 02.04.14*. 2 abr. 2014. Disponível em: <http://www.anoreg.org.br/images/arquivos//CODIGO%20DE%20ETICA%20ANOREGBR%200204114.pdf>. Acesso em: 14 ago. 2017.

_____. *Conhecimento em direito notarial e registral facilita entrada no mercado de trabalho*. 16 set. 2008. Disponível em: <http://anoreg.org.br/index.php?option=com_content&view=article&id=11801:imported_11771&catid=54&Itemid=184>. Acesso em: 14 ago. 2017.

ARAÚJO, G. F.; RIOS, R. Estratégias do marketing político digital aplicadas à campanha presidencial de Barack Obama. In: CONGRESSO DE CIÊNCIAS DA COMUNICAÇÃO NA REGIÃO NORDESTE, 12., 2010, Campina Grande. *Anais*... Disponível em: <http://www.intercom.org.br/papers/regionais/nordeste2010/resumos/R23-0139-1.pdf>. Acesso em: 14 ago. 2017.

AZEVEDO, E. D. *Dinis cria o Regimento dos Tabeliães (1305)*. 4 maio 2009. Disponível em: <https://tabelionatos.wordpress.com/2009/05/04/148/>. Acesso em: 14 ago. 2017.

AZEVEDO, R. D. de. Marketing visual. *Administradores.com*, 23 dez. 2013. Disponível em: <http://www.administradores.com.br/artigos/academico/marketing-visual/74794/>. Acesso em: 21 ago. 2017.

BACON, M. S. *Faça você mesmo marketing direto*: segredos para pequenas empresas. São Paulo: Atlas, 1994.

BAPTISTA, J. 'Lost': recorde de downloads em BitTorrent. *Estadão*, São Paulo, 26 maio 2010. Link. Disponível em: <http://link.estadao.com.br/blogs/tatiana-dias/lost-recorde-de-downloads-em-bittorrent/>. Acesso em: 14 ago. 2017.

BARLETTA, M. *Marketing para mulheres*: como entender e aumentar sua participação no maior segmento do mercado. Tradução de Ricardo Bastos Vieira. Rio de Janeiro: Elsevier, 2006.

BASÍLIO, S. *A evolução dos computadores e da internet*. Coimbra, mar. 2006. Disponível em: <http://www.ci.uc.pt/diglit/DigLitWebCdeCodiceeComputadorEnsaio29.html#dAInternet>. Acesso em: 14 ago. 2017.

BATEY, M. *O significado da marca*: como as marcas ganham vida na mente dos consumidores. Rio de Janeiro: Best Business, 2010.

BENNETT, P. D. (Ed.). *Dictionary of Marketing Terms*. Chicago: NTC Business Books, 1988.

BERRY, L. *Descobrindo a essência do serviço*: os nove geradores de sucesso sustentável nos negócios. Rio de Janeiro: Qualitymark, 2001.

BERRY, L. L.; PARASURAMAN, A. *Serviços de marketing*: competindo através da qualidade. São Paulo: Maltese-Norma, 1992.

BERTOZZI, R. *Marketing jurídico*: os neurojurídicos, as novas ideias e ferramentas estratégicas. 2. ed. Curitiba: Juruá, 2008.

BEZERRA, F. Stakeholders: do significado à classificação. *Portal Administração*, 13 jul. 2014. Disponível em: <http://www.portal-administracao.com/2014/07/stakeholders-significado-classificacao.html>. Acesso em: 19 set. 2017.

BONFILIO, R. et al. Farmácia magistral: sua importância e seu perfil de qualidade. *Revista Baiana de Saúde Pública*, Salvador, v. 34, n. 3, p. 653-664, jul./set. 2010. Disponível em: <http://inseer.ibict.br/rbsp/index.php/rbsp/article/viewFile/63/62>. Acesso em: 14 ago. 2017.

BOONE, L. E.; KURTZ, D. L. *Marketing contemporâneo*. 8. ed. São Paulo: Cengage Learning, 1998.

BORGES, J. D. Meu primeiro computador pessoal. *Digestivo Cultural*, São Paulo, 5 maio 2007. <http://www.digestivocultural.com/colunistas/coluna.asp?codigo=1911&titulo=Meu_primeiro_computador_pessoal>. Acesso em: 14 ago. 2017.

BORSANELLI, R. T. *Advertainment*: uma estratégia de comunicação da era digital. 58 p. Trabalho de Conclusão de Curso (Bacharelado em Comunicação Social) – Universidade de São Paulo, São Paulo, 2007. Disponível em: <http://stoa.usp.br/rafaelborsanelli/files/-1/2082/tcc_rafael_borsanelli_web.pdf>. Acesso em: 14 ago. 2017.

BRAGA, D. A.; CIRINO DA SILVA, C. G. Marketing ou publicidade? Uma análise crítica sobre seus conceitos e aplicabilidades no mercado nacional. In: CONGRESSO DE CIÊNCIAS DA COMUNICAÇÃO NA REGIÃO NORTE, 12., 2013, Manaus. *Anais...* Disponível em: <http://portalintercom.org.br/anais/norte2013/resumos/R34-0484-1.pdf>. Acesso em: 19 set. 2017.

BRANDELLI, L. Atuação notarial em uma economia de mercado: a tutela do hipossuficiente. *Revista de Direito Imobiliário*, São Paulo, ano 25, n. 52, p. 165-208, jan./jun. 2002. Disponível em: <http://www.egov.ufsc.br/portal/sites/default/files/anexos/8993-8992 1 PB.pdf>. Acesso em: 2 mar. 2017.

BRANT, L. *Mercado cultural*: panorama crítico e guia prático para gestão e captação de recursos. 4. ed. São Paulo: Escrituras; Instituto Pensarte, 2004.

BRASIL. Constituição (1988). *Diário Oficial da União*, Brasília, DF, 5 out. 1988. Disponível em: <http://www.planalto.gov.br/ccivil_03/Constituicao/Constituicao.htm>. Acesso em: 14 ago. 2017.

BRASIL. Decreto n. 5.622, de 19 de dezembro de 2005. *Diário Oficial da União*, Poder Executivo, Brasília, DF, 20 dez. 2005. Disponível em: <http://portal.mec.gov.br/sesu/arquivos/pdf/portarias/dec5.622.pdf>. Acesso em: 14 ago. 2017.

_____. Decreto n. 5.800, de 8 de junho de 2006. *Diário Oficial da União*, Poder Executivo, Brasília, 9 jun. 2006a. Disponível em: <http://www.planalto.gov.br/ccivil_03/_ato2004-2006/2006/decreto/d5800.htm>. Acesso em: 14 ago. 2017.

_____. Decreto n. 6.932, de 11 de agosto de 2009. *Diário Oficial da União*, Poder Executivo, Brasília, DF, 12 ago. 2009a. Disponível em: <http://www.planalto.gov.br/ccivil_03/_ato2007-2010/2009/decreto/d6932.htm>. Acesso em: 21 set. 2017.

_____. Decreto n. 9.094, de 17 de julho de 2017. *Diário Oficial da União*, Poder Executivo, Brasília, DF, 18 jul. 2017a. Disponível em: <http://www.planalto.gov.br/ccivil_03/_Ato2015-2018/2017/Decreto/D9094.htm#art25>. Acesso em: 14 ago. 2017.

_____. Lei n. 1.060, de 5 de fevereiro de 1950. *Diário Oficial da União*, Poder Legislativo, Brasília, DF, 13 fev. 1950. Disponível em: <http://www.planalto.gov.br/ccivil_03/leis/l1060.htm>. Acesso em: 14 ago. 2017.

_____. Lei n. 8.069, de 13 de julho de 1990. *Diário Oficial da União*, Poder Legislativo, Brasília, DF, 16 jul. 1990. Disponível em: <http://www.planalto.gov.br/ccivil_03/LEIS/L8069.htm>. Acesso em: 14 ago. 2017.

BRASIL. Lei n. 8.078, de 11 de setembro de 1990. *Diário Oficial da União*, Poder Legislativo, Brasília, DF, 12 set. 1990. Disponível em: <http://www.planalto.gov.br/ccivil_03/leis/l8078.htm>. Acesso em: 14 ago. 2017.

_____. Lei n. 8.313, de 23 de dezembro de 1991. *Diário Oficial da União*, Poder Legislativo, Brasília, DF, 24 dez. 1991. Disponível em: <http://www.planalto.gov.br/ccivil_03/leis/L8313cons.htm>. Acesso em: 14 ago. 2017.

_____. Lei n. 8.685, de 20 de julho de 1993. *Diário Oficial da União*, Poder Legislativo, Brasília, DF, 21 jul. 1993. Disponível em: <http://www.planalto.gov.br/ccivil_03/leis/L8685.htm>. Acesso em: 14 ago. 2017.

_____. Lei n. 8.935, de 18 de novembro de 1994. *Diário Oficial da União*, Poder Legislativo, Brasília, DF, 21 nov. 1994. Disponível em: <http://www.planalto.gov.br/ccivil_03/leis/L8935.htm>. Acesso em: 20 set. 2017.

_____. Lei n. 11.438, de 29 de dezembro de 2006. *Diário Oficial da União*, Poder Legislativo, Brasília, 29 dez. 2006b. Disponível em: <http://www.planalto.gov.br/ccivil_03/_ato2004-2006/2006/lei/l11438.htm>. Acesso em: 14 ago. 2017.

_____. Lei Complementar n. 101, de 4 de maio de 2000. *Diário Oficial da União*, Poder Legislativo, Brasília, DF, 5 maio 2000. Disponível em: <http://www.planalto.gov.br/ccivil_03/leis/LCP/Lcp101.htm>. Acesso em: 21 set. 2017.

BRASIL. Ministério da Administração Federal e Reforma do Estado. *Programa da qualidade e participação na administração pública*. Brasília: Mare, 1997.

BRASIL. Ministério da Educação. Mídias na educação. *Convergência das mídias*. Disponível em: <http://www.eproinfo. mec.gov.br/webfolio/Mod83527/index. html>. Acesso em: 14 ago. 2017b.

BRASIL. Ministério da Transparência. Controladoria-Geral da União. *Portal da Transparência*. Disponível em: <http://www.portaltransparencia.gov. br/>. Acesso em: 14 ago. 2017c.

_____. *Ouvidorias.gov*. Disponível em: <http://www.ouvidorias.gov.br/ cidadao/lista-de-ouvidorias>. Acesso em: 21 ago. 2017d.

BRASIL. Ministério do Planejamento, Desenvolvimento e Gestão. *GesPública é divulgado em Avaré (SP)*. Brasília, 7 abr. 2015a. Disponível em: <http://www.planejamento.gov. br/assuntos/gestao-publica/noticias/ gespublica-e-divulgado-em-avare-sp>. Acesso em: 14 ago. 2017.

BRASIL. Ministério do Planejamento, Orçamento e Gestão. Secretaria de Gestão Pública. Programa Nacional de Gestão Pública e Desburocratização – GesPública; Prêmio Nacional da Gestão Pública – PQGF. *Carta de serviços ao cidadão*. Brasília, 2009b.

BRASIL. Ministério do Planejamento, Orçamento e Gestão. Secretaria de Gestão. Programa Nacional de Gestão Pública e Desburocratização. *Documento de referência*. Brasília: MP/ Seges, 2009c. Disponível em: <http:// www.planejamento.gov.br/secretarias/ upload/Arquivos/seges/forum_nacional_ gp/documento_referencia2009_29abr. pdf>. Acesso em: 14 ago. 2017.

BRASIL. Ministério do Planejamento, Orçamento e Gestão. Secretaria de Gestão Pública. Programa GesPública. *Carta de serviços ao cidadão*: guia metodológico. Brasília: MP/Segep, 2014a. Versão 3/2014. Disponível em: <http:// www.gespublica.gov.br/sites/default/ files/documentos/carta_de_servicos_ ao_cidadao_-_guia_metodologico.pdf>. Acesso em: 14 ago. 2017.

_____. *Modelo de excelência em gestão pública*. Brasília: MP/Segep, 2014b.

_____. *Pesquisa de satisfação*: guia metodológico. Brasília: MP/Segep, 2013.

BRASIL. Ministério dos Transportes. *Indicadores de desempenho*. maio 2012 Disponível em: <http://transportes.gov. br/images/2014/12/sic/13.pdf>. Acesso em: 20 set. 2017.

BRASIL. Portal do Consumidor. *Saiba o que fazer diante da publicidade enganosa*. 5 mar. 2015b. Disponível em: <http://www.portaldoconsumidor.gov. br/noticia_imprimir.asp?noticia=27706>. Acesso em: 14 ago. 2017.

BRASIL. *Rede Nacional de Escolas de Governo*. Disponível em: <https:// redeescolas.enap.gov.br/>. Acesso em: 21 ago. 2017e.

BRASIL PROFISSÕES. *Notário*. Disponível em: <http://www.brasil-profissoes.com.br/profissao/notario/>. Acesso em: 21 set. 2017.

BRASÍLIA. Fundação Hemocentro de Brasília. *Carta de Serviços ao Cidadão*: pesquisa de opinião 2017. 29 mar. 2016. Disponível em: <http://www.fhb.df.gov.br/noticias/item/2257-carta-de-servi%C3%A7os-ao-cidad%C3%A3o-pesquisa-de-opini%C3%A3o.html>. Acesso em: 14 ago. 2017.

BRESSER-PEREIRA, L. C. A programação do esforço mercadológico. *Revista Marketing*, v. 2, n. 7, p. 24-32, 1968. Disponível em: <http://www.bresserpereira.org.br/papers/1968/68-ProgramcaoEsforcoMercadologico.pdf>. Acesso em: 20 set. 2017.

BRETZKE, M. *Marketing de relacionamento e competição em tempo real*. São Paulo: Atlas, 2000.

BROGAN, C. *ABC das mídias sociais*. Tradução de Denise Tavares Gonçalves. São Paulo: Prumo, 2012.

BRUM, A. As 5 forças competitivas no planejamento de vendas. *Planejamento de vendas*, 29 abr. 2013. Disponível em: <http://www.planejamentodevendas.com.br/gestao-comercial/forcas-competitivas-no-planejamento-de-vendas/>. Acesso em: 21 ago. 2017.

BUCHMANN, D. *Desenvolvendo a prestação de serviços*. 25 set. 2012. Disponível em: <http://danielbuchmann.blogspot.com.br/2012/09/desenvolvendo-prestacao-de-servicos.html>. Acesso em: 14 ago. 2017.

CABALLERO, E. M.; CASCO, A. I. *Marketing de la moda*. Madrid: Pirámide, 2006.

CABRAL, G. Maslow e as necesidades humanas. *Mundo Educação*, 2014. Disponível em: <http://www.mundoeducacao.com/psicologia/maslow-as-necessidades-humanas.htm>. Acesso em: 14 ago. 2017.

CAFIERO, C. A videocriatura é nossa! *Canal Contemporâneo*, 26 out. 2011. Disponível em: <http://www.canalcontemporaneo.art.br/arteemcirculacao/archives/004381.html>. Acesso em: 14 ago. 2017.

CALLIGARIS, C. 2,7% das verbas publicitárias vão para web. E se fosse mais? *Webinsider*, 11 mar. 2008. Disponível em: <http://webinsider.com.br/2008/03/11/27-das-verbas-publicitarias-vao-para-web-e-se-fosse-mais/>. Acesso em: 14 ago. 2017.

CAPEM – Código de Autorregulamentação para a Prática de E-mail Marketing. *Entenda o código de autorregulamentação em 10 passos*. 2009. Disponível em: <http://www.capem.org.br>. Acesso em: 14 ago. 2017.

CARDOSO, M. S.; GONÇALVES FILHO, C. *CRM em ambiente e-business*: como se relacionar com clientes aplicando novos recursos da web. São Paulo: Atlas, 2001.

CARNEIRO, A. de F. (Org.). *Ensaios de gestão pública*. São Paulo: Academia, 2010.

CARVALHO, D. T.; NEVES, M. F. (Org.). *Marketing na nova economia*. São Paulo: Atlas, 2001.

CARVALHO, J. de S. *Redes e comunidades*: ensino-aprendizagem pela internet. São Paulo: Instituto Paulo Freire, 2011.

CASELLA, P. B. BRIC – Brasil, Rússia, Índia, China e África do Sul: uma perspectiva. *Revista da Faculdade de Direito da Universidade de São Paulo*, São Paulo, v. 105, p. 435-472, jan./dez. 2010. Disponível em: <https://www.revistas.usp.br/rfdusp/article/view/67909/70517>. Acesso em: 21 ago. 2017.

CASTELLS, M. *A era da informação*: economia, sociedade e cultura. São Paulo: Paz e Terra, 2006. v. 3.

_____. *A galáxia da internet*: reflexões sobre a internet, os negócios e a sociedade. Tradução de Maria Luiza X. de A. Borges. Rio de Janeiro: J. Zahar, 2003.

CASTRO, C. E. de. A convergência digital e os atores sociais: um panorama das iniciativas brasileiras. In: ENCONTRO LATINO-AMERICANO DE ECONOMIA POLÍTICA DA INFORMAÇÃO, 5., 2005, Salvador. *Anais...* Disponível em: <http://www.rp-bahia.com.br/biblioteca/pdf/CosetteCastro.pdf>. Acesso em: 14 ago. 2017.

CHALFON, D.; QUEIROZ, G.; RUSSO, P. *Rádio SulAmérica Trânsito 92,1 FM*. Disponível em: <http://api.ning.com/files/tTRwO0rJE5eZSsYdnVNDDOV8NOkbnoJgCLliuVjbsWil6iJl34m4b*C4hsnWwL37ALvtU3F7Bpu-k19xb5YG-m7bjGLQDM1U/Radio_sulamerica_transito.pdfe>. Acesso em: 14 ago. 2017.

CHAMUSCA, M.; CARVALHAL, M. (Org.). *Comunicação e marketing digitais*: conceitos, práticas, métricas e inovações. Salvador: VNI, 2011.

CHURCHILL JUNIOR, G. A.; PETER, J. P. *Marketing*: criando valor para os clientes. 2. ed. São Paulo: Saraiva, 2000.

CIPOLI, P. *Como empresas como Google, Facebook, Youtube e Twitter ganham dinheiro?* Disponível em: <http://canaltech.com.br/analise/empresas-tech/Como-empresas-como-Google-Facebook-Youtube-e-Twitter-ganham-dinheiro/#ixzz2LGEGZ0Ca>. Acesso em: 14 ago. 2017.

CNB-CF – Conselho Federal do Colégio Notarial do Brasil. *Estatuto do Colégio Notarial do Brasil*. Disponível em: <http://www.notariado.org.br/index.php?pG=X19wYWdpbmFz&idPagina=52>. Acesso em: 20 set. 2017a.

_____. *História*. Disponível em: <http://www.notariado.org.br/index.php?pG=X19wYWdpbmFz&idPagina=1%20>. Acesso em: 20 set. 2017b.

CNB/SP – Colégio Notarial do Brasil. Seção São Paulo. Disponível em: <http://www.cnbsp.org.br>. Acesso em: 14 ago. 2017.

COBRA, M. *Administração de marketing no Brasil*. 3. ed. Rio de Janeiro: Elsevier/Campus, 2009.

_____. *Marketing básico*: uma perspectiva brasileira. 4. ed. São Paulo: Atlas, 2007.

COBRA, M.; ZWARG, F. A. *Marketing de serviços*: conceitos e estratégias. São Paulo: McGraw-Hill, 1986.

COLLIS, J.; HUSSEY, R. *Pesquisa em administração*. 2. ed. Porto Alegre: Bookman, 2005.

COMO FUNCIONA a publicidade na internet. *Olhar Digital*, São Paulo, 2 nov. 2013. Disponível em: <http://olhardigital.uol.com.br/pro/video/38585/38585>. Acesso em: 14 ago. 2017.

COMSCORE. *IMS Mobile in LatAm*. jan. 2015. Disponível em: <http://www.imscorporate.com/news/Estudios-comScore/IMS-Mobile-Study-Janeiro2015.pdf>. Acesso em: 14 ago. 2017.

CONSELHO MAGISTRAL. *Divulgação local*: 3 dicas de marketing para farmácias. Disponível em: <http://www.conselhomagistral.com/blog/divulgacao-local-3-dicas-de-marketing-para-farmacias/>. Acesso em: 14 ago. 2017.

_____. *Mercado magistral e as mudanças no Simples Nacional*. 28 abr. 2015. Disponível em: <http://www.conselhomagistral.com/blog/mercado-magistral-e-mudancas-no-simples-nacional/>. Acesso em: 14 ago. 2017.

CONTRANIO JÚNIOR. R. *Estratégias de vendas para o sucesso do lojista*. São Paulo: Nobel, 2002.

CORDEIRO, L. Operadoras de telefonia podem lucrar com big data. *Exame.com*, 20 jun. 2013. Disponível em: <http://exame.abril.com.br/tecnologia/noticias/operadoras-de-telefonia-podem-lucrar-com-big-data>. Acesso em: 21 ago. 2017.

COSTA, R. Advogado não pode fazer propaganda? Marketing jurídico ético: o que pode e o que não pode ser feito. *Jusbrasil*, 2015. Disponível em: <https://rafaelcosta.jusbrasil.com.br/artigos/182556034/advogado-nao-pode-fazer-propaganda>. Acesso em: 19 set. 2017.

COSTA, G. C. G. da. *Negócios eletrônicos*: uma abordagem estratégica e gerencial. Curitiba: Ibpex, 2007.

COSTA, I. F. da. *Marketing cultural*: o patrocínio de atividades culturais como ferramenta de construção de marca. São Paulo: Atlas, 2004.

COUTINHO, J. O que você sabe sobre marketing político? *Ideia de Marketing*, 20 set. 2012. Disponível em: <http://www.ideiademarketing.com.br/2012/09/20/o-que-voce-sabe-sobre-marketing-politico/>. Acesso em: 20 set. 2017.

CROCCO, L. et al. *Decisões de marketing*: os 4 Ps. São Paulo: Saraiva, 2006.

DELOITTE. *Os poderosos do varejo global*: as lições de quem vem aprendendo a conectar estratégias e operações. 2012. Disponível em: <https://www2.deloitte.com/br/pt/pages/consumer-business/articles/poderosos-do-varejo-global.html>. Acesso em: 21 ago. 2017.

DIAS, F. Capítulo 2: fundamentos do marketing. *Administradores.com*, 10 set. 2008. Disponível em: <http://www.administradores.com.br/artigos/marketing/capitulo-2-fundamentos-do-marketing/25094/>. Acesso em: 21 ago. 2017.

DIEHL, A. A.; TATIM, D. C. *Pesquisa em ciências sociais aplicadas*: métodos e técnicas. São Paulo: Prentice Hall, 2004.

KOTLER, P. *Administração de* marketing. São Paulo: Prentice Hall, 2006.

DIGITAL MEDIA. In: *Business Dictionary*. Disponível em: <http://www.businessdictionary.com/definition/digital-media.html>. Acesso em: 21 ago. 2017.

DINO – Divulgador de Notícias. Pesquisa revela perfil do mercado de farmácia de manipulação no Brasil. *Exame.com*, 6 jul. 2016. Disponível em: <http://exame.abril.com.br/negocios/dino/pesquisa-revela-perfil-do-mercado-de-farmacias-de-manipulacao-no-brasil-dino89091911131/>. Acesso em: 20 set. 2017.

DISTRITO FEDERAL. Fundação Hemocentro de Brasília. *Carta de serviços ao cidad*ão: pesquisa de opinião. Brasília, DF, 29 mar. 2016. Disponível em: <http://www.fhb.df.gov.br/noticias/item/2257-carta-de-servi%C3%A7os-ao-cidad%C3%A3o-pesquisa-de-opini%C3%A3o.html>. Acesso em: 14 ago. 2017.

DIVA. In: SIGNIFICADOS. Disponível em: <https://www.significados.com.br/diva/>. Acesso em: 19 set. 2017.

DOMINGOS, R. 'A vontade popular não pode tudo', afirma promotor sobre caso Tiririca. *G1*, São Paulo, 9 nov. 2010. Disponível em: <http://g1.globo.com/politica/noticia/2010/11/vontade-popular-nao-pode-tudo-afirma-promotor-sobre-caso-tiririca.html>. Acesso em: 21 ago. 2017.

DOMINGUES, D. *A arte no século XXI*: a humanização das tecnologias. São Paulo: Ed. da Unesp, 1997.

DORDOR, X. *Mídia/Mídia alternativa*: a escolha de uma estratégia global de comunicação para a empresa. Tradução de Fernando Santos. São Paulo: Nobel, 2007.

DORNELLES, B. *Mídia, imprensa e as novas tecnologias*. 3. ed. Porto Alegre: EdiPUCRS, 2005.

FEIJÓ, B. V. O que a revolução dos dados pode fazer por sua empresa? *Exame.com*, 29 out. 2013. Disponível em: <http://exame.abril.com.br/revista-exame-pme/edicoes/0065/noticias/a-revolucao-dos-dados?page=2>. Acesso em: 21 ago. 2017.

FELIPINI, D. *Qual é o seu nicho de mercado?* 11 dez. 2015. Disponível em: <http://www.e-commerce.org.br/nicho-de-mercado/>. Acesso em: 21 ago. 2017.

FERREIRA, A. B. Por que investir em marketing jurídico e em CRM? *Futurum*. Disponível em: <http://futurum.com.br/servicosprofissionais/por-que-investir-em-marketing-juridico-e-em-crm>. Acesso em: 19 set. 2017.

FERREIRA JUNIOR, A. B. *Marketing político & eleitoral*: uma analogia entre o mundo corporativo e a política. Curitiba: Ibpex, 2010.

FERREIRA JUNIOR, A. B.; CENTA, S. A. *Supervarejo*: uma abordagem prática sobre mercados de consumo. Curitiba: InterSaberes, 2014.

FERREIRA JUNIOR, A. B.; AZEVEDO, N. Q. de. *Marketing digital*: uma análise do mercado 3.0. Curitiba: InterSaberes, 2015.

FERREIRA JUNIOR, A. B.; RIEPING, M. *iTrends*: uma análise de tendências e mercados. Curitiba: InterSaberes, 2014.

FERREIRA, J. L.; CORRÊA, B. R. P. G.; TORRES, P. L. O uso pedagógico da rede social Facebook. In: TORRES, P. L.; WAGNER, P. R. (Org.). *Redes sociais e educação*: desafios contemporâneos. Porto Alegre: EdiPUCRS, 2012. p. 1-16. v. 1.

FERREIRA, M. Fábio Porchat: "As empresas ligam desesperadas para a gente não fazer vídeo". *Época Negócios*, 4 fev. 2013. Disponível em: <http://epocanegocios.globo.com/Inspiracao/Carreira/noticia/2013/02/empresas-ligam-desesperadas-para-gente-nao-fazer-video.html>. Acesso em: 21 ago. 2017.

FIALHO, A. L. Conferência 5: relato da palestra de Nicolas Bourriaud. In: SEMINÁRIO DA BIENAL DE SÃO PAULO, 27., 2006, São Paulo. *Anais...* Disponível em: <http://www.forum-permanente.org/event_pres/simp_sem/semin-bienal/bienal-trocas/trocas-doc/copy_of_conf1>. Acesso em: 21 ago. 2017.

FINGER. C. Crossmedia e transmedia: desafios do telejornalismo na era da convergência digital. *Em Questão*, Porto Alegre, v. 18, n. 2, p. 121-132, jul./dez; 2012. Disponível em: <http://repositorio.pucrs.br/dspace/bitstream/10923/9754/2/Crossmedia_e_transmedia_desafios_do_telejornalismo_na_era_da_convergencia_digital.pdf>. Acesso em: 21 ago. 2017.

FIORENTINO, G. et al. *As oito grandes tendências de crescimento até 2020*. São Paulo: Bain & Company, 2012. Disponível em: <http://www.bain.com/offices/saopaulo/pt/Images/The_great_eight_POR.PDF>. Acesso em: 21 ago. 2017.

FISCHER, J. F. B. A intervenção do notário nos negócios privados como diretriz de desenvolvimento econômico. *Colégio Notarial do Brasil*, 23 dez. 2015. Disponível em: <http://www.notariado.org.br/index.php?pG=X19leGliZV9ub3RpY2lhcw==&in=Njc3Nw==>. Acesso em: 21 ago. 2017.

FONSECA, M. J. et al. Tendências sobre as comunidades virtuais da perspectiva dos prosumers. *RAE eletrônica*, São Paulo, v. 7, n. 2, jul./dez. 2008. Disponível em: <http://www.scielo.br/scielo.php?pid=S1676-56482008000200008&script=sci_arttext>. Acesso em: 21 ago. 2017.

FRANÇA, F. *Públicos*: como identificá-los em uma nova visão estratégica. São Paulo: Difusão, 2004.

FREITAS, M. Marketing direto. *Administradores.com*, 31 mar. 2007. Disponível em: <http://www.administradores.com.br/informe-se/artigos/marketing-direto/13565/>. Acesso em: 21 ago. 2017.

FREITAS, P. Vantagens da cuponagem para as empresas e seus clientes. *Cuponagem Brasil*, 28 jul. 2014. Disponível em: <http://www.cuponagembrasil.com.br/vantagens-da-cuponagem-para-as-empresas-e-seus-clientes/>. Acesso em: 20 set. 2017.

FREUD, S. *O mal-estar na civilização*. Rio de Janeiro: Imago, 1997.

FROEMMING, L. M. S. *Marketing público*. Ijuí: Ed. da Unijuí, 2009.

GABRIEL, M. *Marketing na era digital*. São Paulo: Novatec, 2010.

GALÃO, F. P.; CRESCITELLI, E. Como e com quem você quer falar? Um estudo sobre os públicos envolvidos no processo da comunicação de marketing de grandes anunciantes. *Revista Administração em Diálogo*, São Paulo, v. 16, n. 2, p. 48-69, maio/jun./jul./ago. 2014. Disponível em: <http://revistas.pucsp.br/index.php/rad/article/view/11585/16463>. Acesso em: 21 ago. 2017.

GARATTONI, B. Você consome 34 gigabytes de informação por dia. *Superinteressante*, São Paulo, n. 275, 24 fev. 2010. Disponível em: <http://super.abril.com.br/cotidiano/voce-consome-34-gigabytes-informacao-dia-535954.shtml>. Acesso em: 21 ago. 2017.

GARRAFIEL, S. *Marketing jurídico*: ética e estratégia unidas para o crescimento. Selem Bertozzi Consultoria. Disponível em: <https://www.estrategianaadvocacia.com.br/artigos2.asp?id=327#.WMwIKoXXLIW>. Acesso em: 21 ago. 2017.

GIARDELLI, G. *Você é o que você compartilha*. São Paulo: Gente, 2012.

GIGLIO, E. M. *O comportamento do consumidor*. 4. ed. São Paulo: Cengage Learning, 2010.

GODIN, S. *Marketing Ideia Vírus*: como transformar suas ideias em epidemias que irão incendiar o mercado. Rio de Janeiro: Campus, 2001.

GOMAERE, J. (Org.). *Annales de droit de Louvain*. Louvain: Association des diplômés en droit de l'Université catholique de Louvain, 1998. v. 58.

GOMES JUNIOR, W. R. *Segmentação geográfica*. 29 nov. 2009. Disponível em: <http://www.administradores.com.br/artigos/negocios/segmentacao-geografica/36303>. Acesso em: 19 set. 2017.

GONÇALVES JÚNIOR, J.; FERREIRA JUNIOR, A. B. A variedade no marketing político: das mídias tradicionais às mídias virtuais. *Temática*, João Pessoa, ano 9, n. 6, jun. 2013. Disponível em: <http://www.insite.pro.br/2013/Junho/variedade_marketing_politico.pdf>. Acesso em: 21 ago. 2017.

GOSCIOLA, V. *Roteiro para as novas mídias*: do game à TV interativa. São Paulo: Senac, 2003.

GREGG, V. *Memória humana*. Rio de Janeiro: J. Zahar, 1976.

GRINOVER, A. P. et al. *Código Brasileiro de Defesa do Consumidor*: comentado pelos autores do anteprojeto. 9. ed. Rio de Janeiro: Forense Universitária, 2007.

GRÖNROOS, C. *Marketing*: gerenciamento e serviços. Rio de Janeiro: Elsevier, 2009.

GUERREIRO, F. *O que são apps?* 26 out. 2010. Disponível em: <http://www.marketingtecnologico.com/Artigo/o-que-sao-apps>. Acesso em: 21 ago. 2017.

GUMMESSON, E. *Marketing de relacionamento total*: gerenciamento de marketing, estratégias de relacionamento e abordagem de CRM para economias de rede. 2. ed. Tradução de Marina Barbieri Campomar e Jonathan Hogan. Porto Alegre: Bookman, 2005.

GUNELIUS, S. *Marketing nas mídias sociais em 30 minutos*. São Paulo: Cultrix, 2012.

HAGEL III, J.; ARMSTRONG, A. G. *Vantagem competitiva na internet*: como criar uma nova cultura empresarial para atuar nas comunidades virtuais. Rio de Janeiro: Campus, 1999.

HALL, S. *A identidade cultural na pós-modernidade*. 11. ed. Rio de Janeiro: DP&A, 2006.

HERNANDES, A. *Fases do marketing jurídico*. Disponível em: <http://www.andersonhernandes.com.br/wp-content/uploads/2014/01/Fases-de-marketing-jur%C3%ADdico-b.jpg>. Acesso em: 21 ago. 2017.

HERNÁNDEZ, M. *Coolhunting*: nuevas propuestas en la investigación de mercados. Madrid: [s.n.], 2004.

HIESTAND, M. Sponsorship Report: the Name of the Game. *USA Today*, 16 Jun. 1993.

HOFFMAN, K. D.; BATESON, J. E. G. *Princípios de marketing de serviços*: conceitos, estratégias e casos. São Paulo: Pioneira Thomson Learning, 2003.

HUNT, T. *O poder das redes sociais*: como o fator Whuffie – seu valor no mundo digital – pode maximizar os resultados de seus negócios. São Paulo: Gente, 2010.

IBOPE – Instituto Brasileiro de Opinião e Estatística. *Acesso à internet impulsiona o consumo dos meios tradicionais de mídia, aponta Ibope Media*. São Paulo, 29 jul. 2013a. Disponível em: <http://www.ibope.com.br/pt-br/noticias/paginas/acesso-a-internet-impulsiona-o-consumo-dos-meios-tradicionais-de-midia-aponta-ibope-media.aspx>. Acesso em: 21 ago. 2017.

_____. *Um novo cenário para o consumo de mídia*. São Paulo, 14 nov. 2013b. Disponível em: <http://www.ibope.com.br/pt-br/conhecimento/Infograficos/Paginas/Um-novo-cenario-para-o-consumo-de-midia.aspx>. Acesso em: 21 ago. 2017.

IDEC – Instituto Brasileiro de Defesa do Consumidor. *Saiba o que fazer diante de propagandas enganosas*. 5 abr. 2016. Disponível em: <http://www.idec.org.br/consultas/dicas-e-direitos/saiba-o-que-fazer-diante-de-propagandas-enganosas>. Acesso em: 21 ago. 2017.

JESUS, J. G. de. *O que levaria uma empresa à fidelização comercial*. Blumenau: Odorizzi, 2006.

KALAKOTA, R.; ROBINSON, M. *M-Business*: tecnologia móvel e estratégia de negócios. Porto Alegre: Bookman, 2002.

KALAKOTA, R.; WHINSTON, A. B. *Electronic Commerce*: a Manager's Guide. Boston: Addison-Wesley Longman, 1996.

KARSAKLIAN, E. *Comportamento do consumidor*. São Paulo: Atlas, 2000.

KENSKI, L. O que é "gamification"? *Exame*, São Paulo, 20 out. 2011. Disponível em: <http://exame.abril.com.br/pme/noticias/o-que-e-gamification>. Acesso em: 21 ago. 2017.

KINOMAXX. *Mídia kit 2016.2017*. 2017. Disponível em: <http://www.kinomaxx.com.br/site/arquivos/geral/Midia_kit_kinomaxx.pdf>. Acesso em: 14 ago. 2017.

KISHEL, G.; KISHEL, P. *Marketing de rede de vendas*. São Paulo: Makron, 1994.

KOTLER, P. *Administração de marketing*: análise, planejamento, implementação e controle. 12. ed. São Paulo: Prentice Hall, 2000.

KOTLER, P. *Administração de marketing*: a edição do novo milênio. 10. ed. São Paulo: Prentice Hall, 2000.

_____. *Marketing 3.0*: as forças que estão definindo o novo marketing centrado no ser humano. Rio de Janeiro: Elsevier, 2010.

_____. *Marketing de A a Z*: 80 conceitos que todo profissional precisa saber. Rio de Janeiro: Elsevier, 2003.

_____. *Marketing para organizações que não visam o lucro*. São Paulo: Atlas, 1978.

KOTLER, P. *Tabela 1.1*: comparação entre marketing 1.0, 2.0 e 3.0. Disponível em: <http://www.elsevier.com.br/kotler/complementar/downloads/comparacao.pdf>. Acesso em: 21 ago. 2017.

KOTLER, P.; ARMSTRONG, G. *Princípios de marketing*. São Paulo: Pearson Prentice Hall, 2007.

KOTLER, P.; BES, F. T. de. *A bíblia da inovação*: princípios fundamentais para levar a cultura da inovação contínua às organizações. Tradução de Carlos Szlak. São Paulo: Lua de Papel, 2011.

KOTLER, P.; FOX, K. F. A. *Marketing estratégico para instituições educacionais*. São Paulo: Atlas, 1998.

KOTLER, P.; HAIDER, D.; REIN, I. *Marketing público*. São Paulo: Makron, 1994.

KOTLER, P.; HAYES, T.; BLOOM, P. N. *Marketing de serviços profissionais*: estratégias inovadoras para impulsionar sua atividade, sua imagem e seus lucros. Tradução de Eduardo Lasserre. São Paulo: Manole, 2002.

KOTLER, P.; LEE, N. *Marketing do setor público*: um guia para um desempenho mais eficaz. Porto Alegre: Bookman, 2008.

KOTLER, P.; KELLER, K. L. *Administração de marketing*. 12. ed. São Paulo: Pearson Prentice Hall, 2006.

KREUTZ, E. de A.; MAS FERNÁNDEZ, F. J. Google: a narrativa de uma marca mutante. *Revista Comunicação, Mídia e Consumo*, São Paulo, v. 6, n. 16, p. 89-107, jul. 2009. Disponível em: <http://revistacmc.espm.br/index.php/revistacmc/article/viewFile/158/159>. Acesso em: 21 ago. 2017.

KREUTZ, E. de A.; MAS FERNÁNDEZ, F. J. Marcas mutantes como estratégias de *branding*. In: CONGRESSO BRASILEIRO DE CIÊNCIAS DA COMUNICAÇÃO, 33., 2010, Caxias do Sul. *Anais...* Caxias do Sul: Intercom, 2010. Disponível em: <http://www.intercom.org.br/papers/nacionais/2010/resumos/R5-0781-1.pdf>. Acesso em: 21 ago. 2017.

KUAZAQUI, E.; TANAKA, L. C. T. *Marketing e gestão estratégica de serviços em saúde*. São Paulo: Thomson Learning, 2008.

KUNTZ, R. A. *Manual de campanha eleitoral*: marketing político. São Paulo: Global, 1986.

KUROSE, J. F.; ROSS, K. W. *Redes de computadores e a internet*: uma nova abordagem. Tradução de Arlete Simille Marques. São Paulo: Makron, 2000.

LAGE, A. L. D. Demanda elástica e inelástica e oferta e demanda. *Administradores.com*, 28 set. 2012. Disponível em:<http://www.administradores.com.br/artigos/economia-e-financas/demanda-elastica-e-inelastica-e-oferta-e-demanda/66271/>. Acesso em: 19 set. 2017.

LAKATOS, E. M.; MARCONI, M. A. *Metodologia do trabalho científico*. São Paulo: Atlas, 1990.

LAMBIN, J. J.; SCHUILING, I. *Market-Driven Management*: Strategic & Operational Marketing. London: MacMillan, 2000.

LAS CASAS, A. L. *Marketing*: conceitos, exercícios, casos. 8. ed. São Paulo: Atlas, 2009.

_____. *Marketing de serviços*. São Paulo: Atlas, 2000.

_____. *Marketing de varejo*. 4. ed. São Paulo: Atlas, 1994.

LAUTERBORN, R. New Marketing Litany: Four P's Passe; C-Words Take Over. *Advertising Age*, Chicago, v. 61, n. 41, p. 26, Oct. 1990.

LECINSKI, J. *ZMOT*: conquistando o momento zero da verdade. [S.l.]: Google, 2011. Disponível em: <https://think.storage.googleapis.com/intl/ALL_br/docs/zmot-momento-zero-verdade_research-studies.pdf>. Acesso em: 21 ago. 2017.

LEMOS, A. Cibercultura como território recombinante. In: TRIVINHO, E; CAZELOTO, E. (Org.). *A cibercultura e seu espelho*: campo de conhecimento emergente e nova vivência humana na era da imersão interativa. São Paulo: ABCiber/Itaú Cultural/Capes, 2009. Disponível em: <http://abciber.com/publicacoes/livro1/textos/cibercultura-como-territorio-recombinante1>. Acesso em: 21 ago. 2017.

LEONARDI, E. Importância do setor magistral. *ICTQ*, 30 nov. 2015. Disponível em: <http://www.ictq.com.br/varejo-farmaceutico/269-importancia-do-setor-magistral>. Acesso em: 20 set. 2017.

LEVITT, T. *The Marketing Imagination*. New York: The Free Press, 1986.

LÉVY, P. *As tecnologias da inteligência*: o futuro do pensamento na era da informática. Tradução de Carlos Irineu da Costa. Rio de Janeiro: 34, 1993. (Coleção Trans.)

LIMA, C. M. G. et al. Pesquisa etnográfica: iniciando sua compreensão. *Revista Latino-Americana de Enfermagem*, Ribeirão Preto, v. 4, n. 1, p. 21-30, jan. 1996. Disponível em: <http://www.scielo.br/pdf/rlae/v4n1/v4n1a03.pdf>. Acesso em: 21 ago. 2017.

LIMA, M. O. C. de. *Marketing eleitoral*: para não desperdiçar recursos. São Paulo: Ícone, 1988.

LIMA JUNIOR, A. *Parcerias como estratégia de marketing jurídico*. Disponível em: <http://www.egov.ufsc.br/portal/sites/default/files/anexos/28612-28630-1-PB.pdf>. Acesso em: 21 ago. 2017.

LIMEIRA, T. M. V. Fundamentos de marketing. In: DIAS, S. R. (Org.). *Gestão de marketing*. São Paulo: Saraiva, 2003. p. 1-15. v. 1.

LIUSSÁ, X. O hipertexto como paradigma. *Estudos em design*, Rio de Janeiro, v. 10, n. 1, p. 83-101, fev. 2003.

LONGO, W. P. Alguns impactos sociais do desenvolvimento científico e tecnológico. *DataGramaZero*, v. 8, n. 1, fev. 2007. Disponível em: <http://www.brapci.ufpr.br/brapci/index.php/article/download/7538>. Acesso em: 21 ago. 2017.

LOURES, C. A. da S. *Um estudo sobre o uso da evidência física para gerar percepções de qualidade em serviços*: casos de hospitais brasileiros. 219 p. Dissertação (Mestrado em Administração) – Universidade de São Paulo, São Paulo, 2003. Disponível em: <http://www.teses.usp.br/teses/disponiveis/12/12139/tde-22122003-131227/pt-br.php>. Acesso em: 21 ago. 2017.

LOVELOCK, C.; WIRTZ, J. *Marketing de serviços*: pessoas, tecnologia e resultados. 5. ed. São Paulo: Pearson Prentice Hall, 2006.

LOVELOCK, C.; WRIGHT, L. *Serviços*: marketing e gestão. São Paulo: Saraiva, 2001.

LUCA, C. de. Big Data movimentará US$ 285 milhões no Brasil em 2013, diz IDC. *Computerworld*, 27 ago. 2013. Disponível em: <http://computerworld.com.br/negocios/2013/08/27/big-data-movimentara-us-285-milhoes-no-brasil-em-2013-diz-idc/>. Acesso em: 21 ago. 2017.

LUCA, L. de. E-commerce nacional fatura R$ 3,8 bilhões no 1º semestre, diz e-bit. *IDG Now!*, 19 ago. 2008. Disponível em: <http://idgnow.com.br/internet/2008/08/19/e-commerce-nacional-fatura-r-3-8-bilhoes-no-1o-semestre-diz-e-bit/>. Acesso em: 21 ago. 2017.

MACHADO, D. C. de A.; ENGELMAN, A. A. A avaliação do ensino superior nos campos das artes: música, dança, teatro e artes visuais. *Revista Científica Censupeg*, Joinvile, v. 1, p. 85-95, 6 ago. 2013. Disponível em: <http://revistacientifica.censupeg.com.br/ojs/index.php/RevistaCientificaCENSUPEG/article/view/62>. Acesso em: 2 mar. 2017.

MACHADO, D. C. de A.; MATOS, E. Ctrl + arte + del: é preciso reiniciar. *Colabor@*, Curitiba, v. 7, n. 28, p. 1-12, out. 2012. Disponível em: <http://pead.ucpel.tche.br/revistas/index.php/colabora/article/view/198/151>. Acesso em: 21 ago. 2017.

MACHADO, D. C. de A.; LOPES, L. F. A Importância de práticas tutoriais nos cursos superiores na modalidade a distância. In: CONGRESSO NACIONAL DE EDUCAÇÃO, 10.; SEMINÁRIO INTERNACIONAL DE REPRESENTAÇÕES SOCIAIS, SUBJETIVIDADE E EDUCAÇÃO, 1., 2011, Curitiba. *Anais...* Curitiba: Champagnat, 2011. p. 13.408-13.417. Disponível em: <http://educere.bruc.com.br/CD2011/pdf/5792_2694.pdf>. Acesso em: 21 ago. 2017.

MACHADO, D. C. de A.; LOPES, L. F. Práticas tutoriais na modalidade a distância. In: SEMINÁRIO DE PESQUISA, 15.; SEMINÁRIO DE INICIAÇÃO CIENTÍFICA DA UNIVERSIDADE TUIUTI DO PARANÁ, 10., 2011, Curitiba. *Anais...* Curitiba: [s.n.], 2011.

MADRUGA, R. *Guia de implementação de marketing de relacionamento e CRM*. São Paulo: Atlas, 2010.

MADY, E. B. *Pesquisa de mercado*. Curitiba: InterSaberes, 2014.

MJV BLOG. *O que é inovação disruptiva?* 8 out. 2014. Disponível em: <http://blog.mjv.com.br/ideias/o-que-e-inovacao-disruptiva>. Acesso em 21 ago. 2017.

MALHOTRA, N. K. *Pesquisa de marketing*: uma orientação aplicada. 4. ed. Porto Alegre: Bookman, 2006.

MANHANELLI, C. A. *Eleição é guerra*. São Paulo: Summus, 1992.

MARQUI, A. C.; GUIRRO, A. B.; MERLO, E. M. Vantagens decorrentes da formação de associações de compras: um estudo de caso. *Revista Eletrônica de Administração*, Franca, v. 3, n. 2, p. 1-11, jul.-dez. 2004. Disponível em: <http://periodicos.unifacef.com.br/index.php/rea/article/view/183/36>. Acesso em: 21 ago. 2017.

MARTINS, R. *Dicas para se comportar nas redes sociais*. 26 out. 2015. Disponível em: <http://carreiras.empregos.com.br/carreira/administracao/noticias/como-se-comportar-redes.shtm>. Acesso em: 21 ago. 2017.

MATSUKI, E. Saiba o que é SEO: técnicas podem destacar seu site no Google. *UOL Tecnologia*, São Paulo, 13 jul. 2012. Disponível em: <http://tecnologia.uol.com.br/noticias/redacao/2012/07/13/saiba-o-que-e-seo-tecnicas-podem-destacar-seu-site-no-google.htm>. Acesso em: 21 ago. 2017.

MATTAR, F. N. Análise crítica dos estudos de estratificação socioeconômicos da ABA-ABIPEME. *Revista de Administração*, v. 30, n. 1, p. 57-74, jan./mar. 1995.

_____. *Administração de varejo*. São Paulo: Elsevier, 2011.

_____. *Pesquisa de marketing*. São Paulo: Atlas, 2006.

_____. S.I.M. – Sistemas de informação de marketing. *Revista Mercado Global*, São Paulo, ano 13, n. 67, p. 24-25, mar./abr. 1986. Disponível em: <http://www.fauze.com.br/DOCUMENTOS/SIM.pdf>. Acesso em: 21 ago. 2017.

MAYA, P. C.; OTERO, W. R. I. Perspectivas do comércio eletrônico na internet. *Revista de Ciências da Administração*, Florianópolis, v. 4, n. 6, p. 29-38, jan./jun. 2002. Disponível em: <https://periodicos.ufsc.br/index.php/adm/article/view/7132/6580>. Acesso em: 21 ago. 2017.

McCARTHY, E. J. *Basic Marketing*: a Managerial Approach. Homewood: R. D. Irwin, 1960.

MCDANIEL, C.; GATES, R. *Pesquisa de marketing*. São Paulo: Pioneira Thomson Learning, 2003.

McLUHAN, M. *Os meios de comunicação como extensões do homem*. São Paulo: Cultrix, 1964.

MEIRA, M. A. Fidelizar clientes atuais e atrair novos clientes: uma tarefa diária. *Portal do marketing*, 22 fev. 2008. Disponível em: <http://www.portaldomarketing.com.br/Artigos/Fidelizar_Clientes_atuais_e_atrair_novos_clientes_uma_tarefa_diaria.htm>. Acesso em: 21 ago. 2017.

MINAS GERAIS. Lei n. 17.615, de 4 de julho de 2008. *Diário Oficial [do] Estado de Minas Gerais*, Belo Horizonte, 5 jul. 2008. Disponível em: <http://www.fazenda.mg.gov.br/empresas/legislacao_tributaria/leis/2008/l17615_2008.htm>. Acesso em: 21 ago. 2017.

MONFORT, M et al. Satisfacción de los Consumidores de Servicios Hoteleros: Implicaciones estratégicos. *Estudios y Perspectivas en Turismo (En Línea)*, v. 22, p. 276-293, 2013.

MORACE, F. (Org.). *Consumo autoral*: as gerações como empresas criativas. São Paulo: Estação das Letras e Cores, 2009.

MORSCH, M. A.; SAMARA, B. S. *Comportamento do consumidor*: conceitos e casos. São Paulo: Prentice Hall, 2005.

MOTA, M. G. *Conceitos e práticas de marketing*: um estudo da sua adoção por empresas prestadoras de serviços de saúde em Montes Claros-MG. 114 p. Dissertação (Mestrado em Administração de Empresas) – Faculdades Integradas de Pedro Leopoldo, Pedro Leopoldo, 2009. Disponível em: <http://www.fpl.edu.br/2013/media/pdfs/mestrado/dissertacoes_2009/dissertacao_mariangela_goncalves_mota_2009.pdf>. Acesso em: 21 ago. 2017.

MOZOTA, B. B. de M.; KLÖPSCH, C.; COSTA, F. C. X. da. *Gestão do design*: usando o design para construir valor de marca e inovação corporativa. Porto Alegre: Bookman, 2011.

MÜLLER, N. O começo da internet no Brasil. *Oficina da Net*, 23 abr. 2008. Disponível em: <https://www.oficinadanet.com.br/artigo/904/o_comeco_da_internet_no_brasil>. Acesso em: 21 ago. 2017.

NAKAMURA, R. *Mídia*: como fazer um planejamento de mídia na prática. São Paulo: Farol do Forte, 2009.

NEGRETTO, R. J. *Fidelização de clientes bancários*: marketing de relacionamento como base na estratégia de lealdade. 54 f. Trabalho de conclusão de curso (Especialização em Gestão em Administração) – Universidade Federal do Rio Grande do Sul, Porto Alegre, 2007. Disponível em: <http://www.lume.ufrgs.br/bitstream/handle/10183/14178/000649474.pdf?sequence=1>. Acesso em: 21 ago. 2017.

NOVAES, R. As maiores populações conectadas do mundo. *PSafe Blog*, 18 fev. 2015. Disponível em: <http://www.psafe.com/blog/maiores-populacoes-conectadas-mundo/>. Acesso em: 14 ago. 2017.

NÚMERO de pessoas com acesso à internet no Brasil supera 120 milhões. *Nielsen*, 30 jul. 2014. Disponível em: <http://www.nielsen.com/br/pt/press-room/2014/Numero-de-pessoas-com-acesso-a-internet-no-Brasil-supera-120-milhoes.html>. Acesso em: 14 ago. 2017.

NÚMEROS do Twitter × Facebook no Brasil. *BlogA2ad*, São Paulo, 26 mar. 2012. Disponível em: <http://www.a2comunicacao.com.br/blog/numeros-do-twitter-x-facebook-no-brasil>. Acesso em: 14 ago. 2017.

NUNES, F. O. *Ctrl+alt+del*: contexto, arte e tecnologia. 238 p. Tese (Doutorado em Artes Plásticas) – Universidade de São Paulo, São Paulo, 2007. Disponível em: <http://www.teses.usp.br/teses/disponiveis/27/27131/tde-05072009-202105/public o/5062792.pdf>. Acesso em: 21 ago. 2017.

NUNES, L. A. R. *Comentários ao Código de Defesa do Consumidor*. 4. ed. rev. São Paulo: Saraiva, 2009a.

_____. *Curso de direito do consumidor*: com exercícios. 4. ed. São Paulo: Saraiva, 2009b.

NUNES, P. *Conceito de mercado*. 9 fev. 2016. Disponível em: <http://www.knoow.net/cienceconempr/gestao/mercado.htm>. Acesso em: 21 ago. 2017.

O QUARTO poder. Direção: Costa-Gavras. EUA: Warner Home Video, 1997. 114 min.

O QUE É o "marketing de boca-a-boca" afinal de contas? *Universia Knowledge@Wharton*, 26 jan. 2005. Disponível em: <http://www.knowledgeatwharton.com.br/article/o-que-e-o-marketing-de-boca-a-boca-afinal-de-contas/>. Acesso em: 21 ago. 2017.

O QUE é marketing viral? Disponível em: <http://sucessonainternet.net/Emarketing/o-que-e-marketing-viral>. Acesso em: 19 set. 2017.

OAB – Ordem dos Advogados do Brasil. Código de ética e disciplina da OAB, de 13 de fevereiro de 1995. *Diário da Justiça*, Brasília, 1 mar. 1995. Disponível em: <http://www.oab.org.br/Content/pdf/LegislacaoOab/codigodeetica.pdf>. Acesso em: 21 ago. 2017.

_____. Provimento n. 94, de 5 de setembro de 2000. *Diário da Justiça*, Brasília, 12 set. 2000. Disponível em: <http://www.oab.org.br/leisnormas/legislacao/provimentos/94-2000>. Acesso em: 19 set. 2017.

_____. Resolução n. 2, de 19 de outubro de 2015. Aprova o Código de Ética e Disciplina da Ordem dos Advogados do Brasil – OAB. *Diário Oficial da União*, Brasília, DF, 4 nov. 2015. Disponível em: <http://www.oab.org.br/arquivos/resolucao-n-022015-ced-2030601765.pdf>. Acesso em: 21 ago. 2017.

OLIVEIRA, A. L. de et al. O marketing público no contexto da reforma gerencialista do estado. *Desenvolve: Revista de Gestão do Unilasalle*, Canoas, v. 2, n. 2, p. 103-116, set. 2013. Disponível em: <http://www.revistas.unilasalle.edu.br/index.php/desenvolve/article/download/1206/925>. Acesso em: 14 ago. 2017.

OLIVEIRA, L. C. P. *Informação ou propaganda?* O que recebemos? O que percebemos? Brasília: Thesaurus, 1996.

OLIVEIRA, T. S. M. de. *Gestão pública de excelência*. Curitiba: Instituto Federal do Paraná, 2012.

OLIVEIRA, U. *Inbound marketing*. 16 jun. 2015. Disponível em: <http://www.administradores.com.br/mobile/artigos/marketing/inbound-marketing/88053/>. Acesso em: 21 ago. 2017.

OLIVEIRA, R. B.; LUCENA, W. M. O uso da internet e das mídias digitais como ferramentas de estratégia de marketing. *Destarte*, Vitória, v. 2, n. 1, abr. 2012. Disponível em: <http://revistas.es.estacio.br/index.php/destarte/article/view/73>. Acesso em: 21 ago. 2017.

ORDUÑA, O. I. R. et al. (Org.). *Blogs*: revolucionando os meios de comunicação. São Paulo: Thomson Learning, 2003.

OSBORNE, D.; GAEBLER, T. *Reinventando o governo*: como o espírito empreendedor está transformando o setor público. Brasília: MH Comunicação, 1998.

PACHECO, C.; SERPA, M. *Voto é marketing, o resto é política*: sobre a natureza do processo eleitoral. Parte 2. Rio de Janeiro: Numark/ECO/UFRJ/ Instituto CPMS Comunicação, 2004.

PATI, C.; GASPARINI, C. 65 carreiras mais promissoras para 2017, segundo recrutadores. *Exame.com*, 15 dez. 2016. Disponível em: <http://exame.abril.com.br/carreira/65-carreiras-promissoras-para-2017-segundo-recrutadores/>. Acesso em: 21 ago. 2017.

PEDLOWSKI, K. de P. Marketing jurídico. *Âmbito Jurídico*, Rio Grande, v. 16, n. 111, abr. 2013. Disponível em: <http://ambito-juridico.com.br/site/?n_link=revista_artigos_leitura&artigo_id=13120&revista_caderno=18>. Acesso em: 19 set. 2017.

PELLANDA, E. C. Convergência de mídias potencializada pela mobilidade e um novo processo de pensamento. In: CONGRESSO BRASILEIRO DE CIÊNCIAS DA COMUNICAÇÃO, 26., 2003, Belo Horizonte. *Anais...* Disponível em: <http://www.intercom.org.br/papers/nacionais/2003/www/pdf/2003_NP08_pellanda.pdf>. Acesso em: 21 ago. 2017.

PEREIRA, A. *Aprenda a internet sozinho agora*. Disponível em: <http://www.aisa.com.br>. Acesso em: 21 ago. 2017.

PEREIRA, F. R.; DREKENER, T. L. Análise dos fatores que influenciam as compras pela internet. In: SEMINÁRIOS EM ADMINISTRAÇÃO, 14., 2011, São Paulo. *Anais...* Disponível em: <http://sistema.semead.com.br/14semead/resultado/trabalhosPDF/863.pdf>. Acesso em: 21 ago. 2017.

PERNAMBUCO. Código de Normas dos Serviços Notariais e de Registro do Estado de Pernambuco. *Diário Oficial do Poder Judiciário*, 30 nov. 2009. Disponível em: <http://www.tjpe.jus.br/downloads/codigo_de_normas_dos_servicos_notarias_e_registro.pdf>. Acesso em: 21 ago. 2017.

PORTER, M. *Vantagem competitiva*: criando e sustentando um desempenho superior. Rio de Janeiro: Campus, 1999.

PORTUGAL, M. Os 20 comerciais mais compartilhados de 2013. *Exame*, Marketing, 5 dez. 2013. Disponível em: <http://exame.abril.com.br/marketing/noticias/os-20-comerciais-mais-compartilhados-de-2013#3>. Acesso em: 21 ago. 2017.

POZZI, L.; OLIVEIRA, M. Patrocine o evento certo. *Revista Mercado Global*, São Paulo, v. 99, p. 13-15, 1996.

PRISTA, L. N.; ALVES, A. C.; MORGADO, R. *Tecnologia farmacêutica*. 5. ed. Lisboa: Fundação Calouste Gulbenkian, 1995. v. I-III.

PUBLICIDADE. In: SIGNIFICADOS. Disponível em: <https://www.significados.com.br/publicidade/>. Acesso em: 19 set. 2017.

PÚBLIO, M. A. *Tendências?* 4 abr. 2012. Disponível em: <http://campanhade propaganda.blogspot.com.br/2012/04/tendencias.html>. Acesso em: 21 ago. 2017.

QUELUZ, M. L. P. (Org.). *Design & consumo.* Curitiba: Peregrina, 2010. (Série Design e Cultura, v. 3).

RAGO, M. A. de P.; VIEIRA, R. M. *Escola do Recife.* Disponível em: <http://cpdoc.fgv.br/sites/default/files/verbetes/primeira-republica/ESCOLA%20DO%20RECIFE.pdf>. Acesso em: 19 set. 2017.

RAMOS, J. C. dos S. *Marketing jurídico*: uma estratégia competitiva para os escritórios de advocacia no município de Paulo Afonso-BA. 88 p. Monografia (Bacharelado em Administração) – Faculdade Sete de Setembro, Paulo Afonso, 2014.

RAMOS, R. *Missão, visão e valores*: os princípios essenciais. Disponível em: <http://www.infoescola.com/administracao_/missao-visao-e-valores-os-principios-essenciais>. Acesso em: 21 ago. 2017.

REED, J. *Marketing online*: como usar sites, blogs, redes sociais e muito mais. São Paulo: Lafonte, 2012.

REEDY, J.; SCHULLO, S.; ZIMMERMAN, K. *Marketing eletrônico*: a integração de recursos eletrônicos ao processo de marketing. Porto Alegre: Bookman, 2001.

RESENDE, A. L. Marketing no setor público: benefícios de um possível aproveitamento de oportunidades de marketing no IFMG. *Revista Eletrônica FEOL,* Oliveira, v. 1, n. 1, 2013. Disponível em: <http://177.8.219.7:8081/revista/index.php/R1/article/view/32>. Acesso em: 21 set. 2017.

RICHERS, R. *Marketing*: uma visão brasileira. São Paulo: Negócio, 2000.

_____. *O que é marketing.* 12. ed. São Paulo: Brasiliense, 1991.

RIES, A.; TROUT, J. *Posicionamento*: a batalha por sua mente. São Paulo: Makron, 2001.

RIO GRANDE DO SUL. Lei n. 10.846, de 19 de agosto de 1996. *Diário Oficial [do] Estado do Rio Grande do Sul,* Porto Alegre, 19 ago. 1996. Disponível em: <http://www.conselhosdecultura.ufba.br/arquivos/conselhos/docs/sul/riograndedosul/02.pdf>. Acesso em: 21 ago. 2017.

ROCHA, A. da; MELLO, R. C. de (Org.). *Marketing de serviços*: casos brasileiros. São Paulo: Atlas, 2000.

RODRIGUEZ GOMEZ, G.; GIL FLORES, J.; GARCÍA GIMÉNEZ, E. *Metodología de la investigación cualitativa.* Granada: Aljibe, 1996.

ROMÁN, F.; GONZÁLES MESONES, F.; MARINAS, I. *Mobile marketing*: a revolução da mídia. São Paulo: Thomson Learning, 2007. (Série Profissional).

ROSSIFINI, B. Núcleo-BR desenvolve Selo de Qualidade para o mercado notarial e registral brasileiro. *Núcleo-BR*, 27 mar. 2013. Disponível em: <http://www.nucleobr.org.br/noticias/ler-noticia.php?id=63>. Acesso em: 2 mar. 2017.

SAMAAN, M et al. Identificação dos fatores críticos de sucesso no desenvolvimento de produtos de empresas de biotecnologia do estado de Minas Gerais. *Production*, São Paulo, v. 22, n. 3, p. 436-447, maio/ago. 2012. Disponível em: <http://www.scielo.br/scielo.php?script=sci_arttext&pid=S0103-65132012000300006>. Acesso em: 21 ago. 2017.

SANTAELLA, L. *A teoria geral dos signos*: como as linguagens significam as coisas. São Paulo: Pioneira, 2000.

SANTANA, N. *A análise estrutural das indústrias*: as cinco forças competitivas de Porter (parte 1). 29 abr. 2011. Disponível em: <https://empreendedorabela.wordpress.com/2011/04/29/a-analise-estrutural-das-industrias-as-cinco-forcas-competitivas-de-porter-parte-1/>. Acesso em: 21 ago. 2017.

SANTIAGO, E. Escambo. *Infoescola.com*. Disponível em: <http://www.infoescola.com/economia/escambo/>. Acesso em: 21 ago. 2017.

SANTOS, M. R. dos. 6 truques do marketing político. *Superinteressante*, 29 set. 2014. Disponível em: <http://super.abril.com.br/comportamento/6-truques-do-marketing-politico/>. Acesso em: 14 ago. 2017

SANTOS, E. D. T.; GOMES, J. P. da S.; CICCONE, C. E. Marketing no mundo virtual: a importância de estar nas redes sociais. *Tekhne e Logos*, Botucatu, v. 3, n. 3, nov. 2012. Disponível em: <http://www.fatecbt.edu.br/seer/index.php/tl/article/view/158>. Acesso em: 21 ago. 2017.

SANTOS, T. O meu nome é "sumer", "Prosumer"! *"Mix" com Sentido*, 11 abr. 2010. Disponível em: <http://mixcomsentido.wordpress.com/tag/prosumer/>. Acesso em: 21 ago. 2017.

SÃO PAULO (Estado). Decreto n. 40.536, de 12 de dezembro de 1995. *Diário Oficial [do] Estado de São Paulo*, São Paulo, 13 dez. 1995. Disponível em: <http://www.al.sp.gov.br/norma/?id=10885>. Acesso em: 21 ago. 2017.

_____. Lei n. 10.294, de 20 de abril de 1999. *Diário Oficial [do] Estado de São Paulo*, São Paulo, 20 abr. 1999. Disponível em: <http://www.al.sp.gov.br/repositorio/legislacao/lei/1999/lei-10294-20.04.1999.html>. Acesso em: 21 set. 2017.

_____. Lei n. 12.268, de 20 de fevereiro de 2006. *Diário Oficial [do] Estado de São Paulo*, São Paulo, 21 fev. 2006. Disponível em: <http://www.cultura.sp.gov.br/StaticFiles/SEC/Incentivo%20a%20Cultura/Lei_12268-06_Incentivo_Cultura.pdf>. Acesso em: 21 ago. 2017.

_____. Lei n. 13.918, de 22 de dezembro de 2009. *Diário Oficial [do] Estado de São Paulo*, São Paulo, 23 dez. 2009. Disponível em: <http://www.al.sp.gov.br/repositorio/legislacao/lei/2009/lei-13918-22.12.2009.html>. Acesso em: 21 ago. 2017.

SÃO PAULO (Município). Lei n. 11.247, de 1º de outubro de 1992. *Diário Oficial [do] Município de São Paulo*, São Paulo, 2 out. 1992. Disponível em: <http://www.radarmunicipal.com.br/legislacao/lei-11247>. Acesso em: 21 ago. 2017.

SEBRAE – Serviço Brasileiro de Apoio às Micro e Pequenas Empresas. *Marketing de serviços:* uma visão baseada nos 8 Ps. Disponível em: <https://www.sebrae.com.br/sites/PortalSebrae/artigos/marketing-de-servicos-uma-visao-baseada-nos-8-ps,a799a442d2e5a410VgnVCM1000003b74010aRCRD>. Acesso em: 19 set. 2017a.

_____. *Pesquisa de mercado*: o que é e para que serve. Disponível em: <http://www.sebrae.com.br/sites/PortalSebrae/artigos/Pesquisa-de-mercado:-o-que-%C3%A9-e-para-que-serve>. Acesso em: 21 ago. 2017b.

SEBRAE – Serviço Brasileiro de Apoio às Micro e Pequenas Empresas; FECOMERCIO/MS – Federação do Comércio de Bens, Serviços e Turismo do Estado de Mato Grosso do Sul. *Estudo sobre a competitividade nos setores comércio, serviços e turismo no Mato Grosso do Sul*: perspectivas até 2020. Campo Grande, 2011. Disponível em: <http://www.fecomercio-ms.com.br/files/pesquisas/estudo_92071015.pdf >. Acesso em: 21 ago. 2017.

SELEM L. *Estratégia na advocacia*. Curitiba: Juruá, 2008.

SELEM, L.; BERTOZZI, R. *Os cinco "Es" da gestão estratégica jurídica*: parte I. Disponível em: <http://www.estrategianaadvocacia.com.br/artigos2.asp?id=420#.UWVtwqJQGK4>. Acesso em: 21 ago. 2017.

SERRANO, D. P. Os 4 Ps do marketing. *Portal do Marketing*, 9 dez. 2012. Disponível em: <http://www.portaldomarketing.com.br/Artigos/4_Ps_do_Marketing.htm>. Acesso em: 21 ago. 2017.

SHAPIRO, B. P. Rejuvenating the Marketing Mix. *Harvard Business Rewiew*, v. 63, n. 5, p. 28-34, Sept. 1985.

SHIMP. T. A. *Comunicação integrada de marketing*: propaganda e promoção. 7. ed. Porto Alegre: Bookman, 2009.

SIGILIANO, D. M. V. Lost: a narrativa transmídia é só o começo. *Revista da SET*, São Paulo, v. 22, n. 130, p. 58-59, jan./fev. 2013.

SILVA FILHO, A. M. da. A era da informação. *Espaço Acadêmico*, ano 1, n. 2, jul. 2001. Disponível em: <http://www.espacoacademico.com.br/002/02col_mendes.htm>. Acesso em: 2 mar. 2017.

SILVA, F. G. da; ZAMBON, M. S. *Gestão do relacionamento com o cliente*. São Paulo: Cengage Learning, 2006.

SILVA, R. F. da; NASCIMENTO FILHO, A. P. do; MENDONÇA, D. C. Estratégias competitivas no mercado farmacêutico brasileiro: uma abordagem sobre o setor magistral. In: SIMBEP, 13., 2006, Bauru. *Anais*... Disponível em: <http://www.simpep.feb.unesp.br/anais/anais_13/artigos/556.pdf>. Acesso em: 21 ago. 2017.

SILVEIRA, P. R. N. da. *Opinião pública e a contestação antinuclear*. 56 f. Monografia (Especialização em Direito Nuclear) – Universidade do Estado do Rio de Janeiro, Rio de Janeiro, 1978. Disponível em: <http://www.iaea.org/inis/collection/NCLCollectionStore/_Public/11/552/11552431.pdf>. Acesso em: 21 ago. 2017.

SILVEIRA, S. A. da. *Exclusão digital*: a miséria na era da informação. São Paulo: Fundação Perseu Abramo, 2001.

SITE SA. *Dicionário jurídico*. Disponível em: <http://www.sitesa.com.br/juridico/dicionarios/dicionario.html>. Acesso em: 21 ago. 2017.

SOLYOM, C. V. K. O comércio eletrônico no Brasil e seu enquadramento no Código de Defesa do Consumidor. In: EFING, A. C. (Org.). *Direito do consumo*. Curitiba: Juruá, 2006, p. 54-59.

SOUZA, D. de. O uso das redes sociais: uma nova forma de marketing. *Revista Borges*, Florianópolis, v. 2, n. 1, p. 38-56, jul. 2012. Disponível em: <https://www.revistaborges.com.br/index.php/borges/article/view/22>. Acesso em: 21 ago. 2017.

SOUZA, M. de. *A influência da internet e suas ferramentas no ambiente corporativo*. 3 jul. 2011. Disponível em: <http://www.administradores.com.br/informe-se/artigos/a-influencia-da-internet-e-suas-ferramentas-no-ambiente-corporativo/56354>. Acesso em: 21 ago. 2017.

STF – Superior Tribunal Federal. Presidente da África do Sul visita o STF nesta sexta-feira (9), às 15h30. *Notícias STF*, Brasília, 9 out. 2009. Disponível em: <http://www.stf.jus.br/portal/cms/verNoticiaDetalhe.asp?idConteudo=114609>. Acesso em: 21 set. 2017.

STAKEHOLDER. In: SIGNIFICADOS. Disponível em: <http://www.significados.com.br/stakeholder>. Acesso em: 21 ago. 2017.

STEIL, V.; STEIN, M. Design, pós-modernidade e o conceito de marca mutante: uma visão contemporânea para a nova gestão estratégica de uma empresa líder no ramo têxtil catarinense – case Tecnoblu. In: CONGRESSO BRASILEIRO DE PESQUISA E DESENVOLVIMENTO EM DESIGN, 10., 2012, São Luís. *Anais...* São Luís: P&D Design, 2012. Disponível em: <http://www.vivisteil.com.br/articles/P&D2012-viviane-steil.pdf>. Acesso em: 21 ago. 2017.

STERNE, J. *Serviço ao cliente na internet*: construindo relacionamentos, aumentando a fidelidade e permanecendo competitivo. São Paulo: Makron, 2001.

STEVENS, W. R. *TCP/IP Illustrated*: the Protocols. Boston: Addison-Wesley, 1994. v. 1.

TANENBAUM, A. S. *Computer Networks*. 4. ed. New Jersey: Prentice-Hall, 2002.

_____. *Redes de computadores*. 4. ed. Tradução de Vandenberg D. de Souza. São Paulo: Campus, 2003.

TEIXEIRA, A. Mestres de amanhã. *Revista Brasileira de Estudos Pedagógicos*, Rio de Janeiro, v. 40, n. 92, p. 10-19, out./dez. 1963.

TELLES, A. Apontamentos sobre métricas em comunicação e marketing digital. In: CHAMUSCA, M.; CARVALHAL, M. *Comunicação e marketing digitais*: conceitos, práticas, métricas e inovações. Salvador: VNI, 2011. p. 84-93.

TENDÊNCIAS E MERCADO. Disponível em: <http://tendenciasemercado.com.br>. Acesso em: 21 ago. 2017.

TERRA, C. F. *Mídias sociais... e agora?* Rio de Janeiro: Difusão/Senac Rio, 2012.

TERRA. Anúncios do Super Bowl atraem quem não é fã de futebol americano. Economia, 6 fev. 2012. Disponível em: <https://economia.terra.com.br/anuncios-do-super-bowl-atraem-quem-nao-e-fa-de-futebol-americano,c8b88533a78114 10VgnCLD200000bbcceb0aRCRD.html>. Acesso em: 2 mar. 2017.

THOMAS, D. *Deluxe*: como o luxo perdeu o brilho. Rio de Janeiro: Elsevier, 2008.

THURLER, L. Números que mostram o futuro da mídia. *Intelecto Comunicação*, 7 nov. 2012. Disponível em: <http://intelectocomunicacao.com.br/index.php/noticias/4062-numeros-que-mostram-o-futuro-da-midia>. Acesso em: 21 ago. 2017.

TOFLER, A. *A terceira onda*. São Paulo: Record, 1980.

TOMIYA, E. *Gestão do valor da marca*: como criar e gerenciar marcas valiosas. Rio de Janeiro: Senac, 2010.

TORRES, C. *A bíblia do marketing digital*. São Paulo: Novatec, 2009.

TOTAL de advogados no Brasil chega a 1 milhão, segundo a OAB. *Consultor Jurídico*, 18 nov. 2016. Disponível em: <http://www.conjur.com.br/2016-nov-18/total-advogados-brasil-chega-milhao-segundo-oab>. Acesso em: 19 set. 2017.

TRAMONTANO, M.; REQUENA, C. A. J. Habitares: processos de projeto de uma espacialidade híbrida. In: IBEROAMERICAN CONGRESS OF DIGITAL GRAPHICS, 10., 2006, Santiago. *Proceedings...* Santiago: SIGraDi, 2006. p. 405-407.

TRII. *Qual o espaço de cada mídia no Brasil?* 14 ago. 2015. Disponível em: <http://trii.com.br/blog/qual-o-espaco-de-cada-midia-no-brasil/>. Acesso em: 21 ago. 2017.

TROIANO, J. Branded Content: um estudo de caso de marketing Red Bull. *HSM*, São Paulo, 6 fev. 2014. Disponível em: <http://www.hsmexperience.net/posts/branded-content>. Acesso em: 21 ago. 2017.

TROLESI, D. D. Marketing jurídico: influências das normas da Ordem dos Advogados do Brasil (OAB) na estruturação de estratégias de fidelização mercadológica para escritórios de advocacia. In: COLÓQUIO INTERNACIONAL SOBRE A ESCOLA LATINO-AMERICANA DE COMUNICAÇÃO, 9., 2005, São Bernardo do Campo. *Anais...* Disponível em: <http://encipecom.metodista.br/mediawiki/images/9/97/GT4_-_015.pdf>. Acesso em: 21 ago. 2017.

UM NOVO cenário para o consumo de mídia. 30 set. 2014. Disponível em: <https://www.kantaribopemedia.com/um-novo-cenario-para-o-consumo-de-midia/>. Acesso em: 21 ago. 2017.

UNESCO – Organização das Nações Unidas para a Educação, a Ciência e a Cultura. *Um mundo e muitas vozes*: comunicação e informação na nossa época. Rio de Janeiro: FGV, 1983.

VALLE, A. *Planejamento da campanha de marketing político digital de 2014*. Disponível em: <http://academiadomarketing.com.br/planejamento-campanha-marketing-politico-digital>. Acesso em: 21 ago. 2017.

VALENCIANO, T. *As fases da campanha eleitoral*. 21 maio 2008. Disponível em: <https://tiagovalenciano.wordpress.com/2008/05/21/as-fases-da-campanha-eleitoral/>. Acesso em: 21 ago. 2017.

VASCONCELLOS, M. de. Para cliente, qualidade é mais importante que ética. *Consultor Jurídico*, 18 set. 2012. Disponível em: <http://www.conjur.com.br/2012-set-18/mercado-juridico-trabalho-ruim-pior-falta-etica-mercado>. Acesso em: 21 ago. 2017.

VECHIA, A. et al. O processo histórico da educação a distância e a formação de professores no Brasil. In: CONGRESSO NACIONAL DE EDUCAÇÃO, 10.; SEMINÁRIO INTERNACIONAL DE REPRESENTAÇÕES SOCIAIS, SUBJETIVIDADE E EDUCAÇÃO, 10., 2011, Curitiba. *Anais...* Curitiba: Champagnat, 2011. p. 5368-5381. Disponível em: <http://educere.bruc.com.br/CD2011/pdf/5143_3019.pdf>. Acesso em: 21 ago. 2017.

VENTURA, R. Mudanças no perfil do consumo no Brasil: principais tendências nos próximos 20 anos. *Macroplan*, ago. 2010. Disponível em: <http://www.macroplan.com.br/Documentos/ArtigoMacroplan2010817182941.pdf>. Acesso em: 21 ago. 2017.

VETTORI, P. B.; FERREIRA JUNIOR, A. B. *A utilização de mídias sociais como ferramenta de apoio ao marketing promocional na web*. 2013. Disponível em: <http://www.administradores.com.br/producao-academica/a-utilizacao-de-midias-sociais-como-ferramenta-de-apoio-ao-marketing-promocional-na-web/5486/>. Acesso em: 21 ago. 2017.

VIEIRA, M. G. *Serviços notariais*. 4 dez. 2006. Disponível em: <http://www.direitonet.com.br/artigos/exibir/3034/Servicos-notariais>. Acesso em: 14 ago. 2017.

VIEIRA, V. A. As tipologias, variações e características da pesquisa de marketing. *Revista FAE*, Curitiba, v. 5, n. 1, p. 61-70, jan./abr. 2002. Disponível em: <https://revistafae.fae.edu/revistafae/article/view/449/344>. Acesso em: 21 ago. 2017.

WENNINGKAMP, A. *CRM*: o que é CRM e como funciona? 23 set. 2009. Disponível em: <http://www.administradores.com.br/artigos/marketing/crm-o-que-e-crm-e-como-funciona/34063>. Acesso em: 19 set. 2017.

WHEELER, A. *Design de identidade da marca*. 2. ed. Tradução de Francisco Araújo Costa. Porto Alegre: Bookman, 2008.

WRIGHT, J. T. C.; SILVA, A. T. B.; SPERS, R. G. O Mercado de trabalho no futuro: uma discussão sobre profissões inovadoras, empreendedorismo e tendências para 2020. *RAI – Revista de Administração e Inovação*, São Paulo, v. 7, n. 3, p. 174-197, jul./set. 2010. Disponível em: <http://www.revistas.usp.br/rai/article/view/79186/83258>. Acesso em: 21 set. 2017.

XAVIER, L. O marketing público e a evolução da comunicação. *Dino – Divulgador de Notícias*, 26 jun. 2013. Disponível em: <http://www.dino.com.br/releases/o-marketing-publico-e-a-evolucao-da-comunicacao-dino8907558131/pdf>. Acesso em: 21 ago. 2017.

YAMAI, F. O que é fanzine? *Fanzine Expo Blog*. Disponível em: <https://fanzineexpo.wordpress.com/o-que-e-fanzine/>. Acesso em: 21 ago. 2017.

ZEITHAML, V. A.; BITNER, M. J. *Marketing de serviços*: a empresa com foco no cliente. 2. ed. Porto Alegre: Bookman, 2003.

apêndice

Top twitters

A

@AdrianeWerner
(Serviços)

@ahnao
(Entretenimento)

@algore
(Clima mundial)

@andreatila
(Política)

@andredeak
(Entretenimento)

@andretelles
(Cidades inteligentes)

@andretrig
(Serviços)

@ariannahuff
(Serviços)

@avialli
(Serviços)

B

@BandNewsfmctba
(Mídia)

@bbcbrasil
(Mídia)

@beaqueiroz
(Serviços)

@benparr
(Entretenimento)

@bethsaad
(Entretenimento)

@biagranja
(Entretenimento)

@BillGates
(Tecnologia)

@biz
(Entretenimento)

@brianstelter
(Entretenimento)

@brunopessuti
(Política)

C

@carlosbettes
(Advocacia)

@carr2n
(Entretenimento)

@ccalligaris
(Entretenimento)

@chr1sa
(Entretenimento, tecnologia)

@clauchow
(Entretenimento)

@clovisvc
(Política)

@cmerigo
(Entretenimento)

@coletivoverde
(Sustentabilidade)

@ComediansClub
(Entretenimento)

@comunicadores
(Comunicação)

@criativospr
(Entretenimento)

@crisdias
(Entretenimento)

@cshirky
(Entretenimento)

D

@deborajordao
(Relações Públicas)

@denisrb
(Entretenimento)

@dicasdeviagens
(Entretenimento)

@Dicasdisney
(Entretenimento)

E

@edintersaberes
(Editora)

@EdMotta
(Música, entretenimento)

@empreendemia
(Gestão)

@eol
(Entretenimento)

@estrategiadig
(Marketing digital)

F

@fcccuritiba
(Entretenimento)

@felipeharmata
(Jornalismo)

@futebolpr
(Esporte)

G

@gilgiardelli
(Tendências digitais)

@Gladwell
(Entretenimento)

@Groupon_BR
(Compras coletivas)

@guardianeco
(Entretenimento)

@gustavojreige
(Entretenimento)

I

@inteligenciabc
(Agência publicitária)

@iwantmedia
(Entretenimento)

J

@JorgeBernardi
(Política)

@JPBarlow
(Entretenimento)

@jpcuenca
(Entretenimento)

K

@kevinrose
(Entretenimento)

L

@laraselem
(Marketing jurídico)

@LeoJaime
(Entretenimento)

@LFranca
(Entretenimento)

M

@MarceloTas
(Mídia, comunicação)

@marcogomes
(Mídia, comunicação)

@marthagabriel
(Tendências)

@martinsheitor
(Entretenimento)

@mashable
(Entretenimento)

@MedialogueBR
(Mídia, comunicação)

@Midiatismo
(Mídia, comunicação)

@millorfernandes
(Entretenimento)

@missmaura
(Jornalismo)

@mrieping
(Tendência)

N

@Na_Kombi
(Mídia, comunicação)

@narradorVOZ
(Esportes)

@nascapas
(Mídia, comunicação)

@Neyleprevost
(Política)

@NiemanLab
(Mídia, comunicação)

@ninocarvalho
(Tendências)

O

@olhardigital
(Tendências e tecnologias)

@omelhordomkt
(Tendências, tecnologias)

@OscarFilho
(Entretenimento)

P

@PauloAdario
(Greenpeace)

@paulorink
(Esportes, política)

@pedrodoria
(Tendências, tecnologias)

@pessuti
(Política)

@pier_p
(Política)

@ProfFarinhas
(Finanças pessoais)

@proxxima
(Entretenimento)

@prtomaz
(Educação)

@psustentavel
(Sustentabilidade)

R

@ritchieguy
(Entretenimento, música)

@RomarioOnze
(Política, esportes)

@rosana
(Entretenimento)

@rzimermann
(Notícias)

S

@SandraTurchi
(Tendências)

@Sen_Cristovam
(Política)

@sensacionalista
(Entretenimento)

@showdavida
(Entretenimento)

@SporTV
(Esportes)

T

@tdoria
(Entretenimento)

@TEsportes
(Esportes)

@TiagoLeifert
(Entretenimento)

@tiodino
(Entretenimento)

@TomCavalcante1
(Entretenimento)

U

@urbenauta
(Serviços)

V

@valtercarretas
(Direito magistral)

@viagemeturismo
(Serviços)

W

@walterlongo
(Gestão)

@wgsn
(Entretenimento)

@Wired
(Entretenimento)

@WLamarca
(Entretenimento)

X

@xicosa
(Entretenimento)

respostas

Capítulo 1
Questões para revisão

1. Os 4 Ps ou *mix* de marketing constituem o conjunto de decisões e ações específicas da própria função de marketing, que dizem respeito a quatro variáveis: produto, preço, promoção e ponto de distribuição (ou praça). As decisões que dizem respeito ao produto estão ligadas à capacidade de identificar oportunidades para o lançamento de produtos e serviços, adequá-los às necessidades e desejos dos clientes, criar estratégias e linhas de produtos e administrar seu ciclo de vida. As de **preço** dizem respeito à seleção de uma estratégia de preço que se traduza em vantagem competitiva e única para cada produto ou linha, com o objetivo final de maximizar o retorno para os *stakeholders*. As decisões de **promoção** sinalizam os investimentos em estratégias e atividades de comunicação (marketing direto, relações públicas, propaganda, eventos, publicidade, entre outros) e promoção de vendas (descontos, brindes, sorteios, prêmios para o consumidor etc.). As decisões de **ponto de distribuição** cumprem o intento de fazer com que o produto esteja no lugar e no

momento certos para uma comercialização eficiente e, para isso, engloba a escolha dos canais de venda e de distribuição. A meta final é que o cliente efetue a compra e satisfaça a sua necessidade.
2. Marketing diz respeito ao mercado que está em ação, em movimento. Significa entender e atender às necessidades do consumidor.
3. a
4. c
5. d

Capítulo 2
Questões para revisão

1. É fundamental compreender como funciona a cabeça do eleitor antes de qualquer tomada de decisão. Ter apenas um perfil desejado pelos eleitores é insuficiente; é necessário, portanto, associar a imagem do candidato ao eleitorado, antes que os adversários o façam; destacar os pontos favoráveis do candidato, controlar ou minimizar as suas falhas e, na medida do possível, converter essas falhas em virtudes são os objetivos principais; e, também, direcionar as forças da campanha para segmentos que ofereçam maior potencial de votos.
2. A carta de serviços é um documento que estabelece o compromisso da organização pública com a qualidade dos serviços prestados aos cidadãos. Ela é, antes de tudo, o resultado dos esforços de reinventar os processos das organizações públicas, uma formalização dos processos que é publicitada para a sociedade.
3. b
4. a
5. d

Capítulo 3
Questões para revisão

1. A rádio é segmentada, ou seja, pode se comunicar diretamente com um público específico, que tenha interesses em comum; abrange também o grande público – de acordo com a audiência da emissora, pode cobrir uma extensa área geográfica; no interior, a rádio desperta grande identificação com a população, e nas grandes cidades a exigência de mobilidade urbana e o longo tempo gasto no trânsito tornam essa mídia atrativa; tem uma linguagem adequada a diversos meios; adapta-se bem à internet.
2. A segmentação de mercado.
3. d
4. c
5. a

Capítulo 4
Questões para revisão

1. A influência das telenovelas no consumo pode ser considerada saudável ou não, uma vez que depende do ponto de vista de quem a assiste.
2. A convergência de mídias ocorre quando elementos de duas ou mais mídias se encontram em um mesmo local e se interligam por meio do seu conteúdo.
3. b
4. a
5. a

Capítulo 5
Questões para revisão

1. A máxima de que o cliente/freguês tem sempre razão parece um "clichê" no meio profissional do marketing. No entanto, isso se torna tão mais real e forte à medida que os consumidores se sentem

empoderados e dispõem de alto poder de decisão. Esse empoderamento é uma tendência cada vez maior, seja nas redes sociais, seja em *sites* especializados em reclamações.

2. As tendências seguem a moda, a evolução de mercado, a influência de mídias, os fatores econômicos e políticos etc. Nesse contexto, essas tendências podem ser regionais quando no Rio Grande do Sul, por exemplo, algo relacionado à cultura gaúcha é considerado moda local ou regional devido a algum movimento ocorrido na região. Caso alguma novela explore a questão do uso ou não de sandálias femininas com meias listradas, por exemplo, temos então um exemplo de moda nacional. No caso da moda mundial, os filmes hollywoodianos são os que mais exploram essa tendência, seja em joias, seja em carros, seja em roupas e acessórios.

3. a
4. a
5. d

sobre o autor

Achiles Batista Ferreira Junior é bacharel em Administração de Empresas pela Faculdade de Educação Superior do Paraná (Fesp) e pelo Centro Universitário Uninter e em Tecnologia da Informática pela Universidade Tuiuti do Paraná (UTP).

Tem MBA em Administração de Marketing pela Fesp, em Administração e Gestão de Varejo pelo Centro Universitário Uninter e em Administração Pública e Gerência de Cidades pelo Instituto Brasileiro de Pós-Graduação e Extensão (Ibpex).

É especialista em Metodologia do Ensino Superior pela Fesp, em Educação Tecnológica e em Novas Mídias pelo Ibpex, em Formação de Docentes e Tutoria EaD pelo Ibpex e em Pedagogia Empresarial e Comunicação Corporativa pelo Centro Universitário Uninter.

É mestre em Gestão de Negócios pela Universidade Federal de Santa Catarina (UFSC) e doutorando em Tecnologia e Sociedade pela Universidade Tecnológica Federal do Paraná (UTFPR).

É autor de artigos e de sete *e-books* sobre marketing

e também de oito livros impressos nas áreas de marketing, gestão, planejamento e tecnologia, sendo eles: *As ferramentas da informática para secretariado executivo* (2002); *O uso e aplicação da informática para a gestão empresarial* (2003); *O desenvolvimento e lançamento de produtos* (2004); *Marketing político e eleitoral: uma analogia entre o mundo corporativo e a política* (2010); *iTrends: uma análise de tendências e mercados* (2014), *Supervarejo: uma abordagem prática sobre os mercados de consumo* (2015), *Marketing digital: uma análise do mercado 3.0* (2016).

O autor é professor nas modalidades presencial e a distância há 18 anos e trabalha no Centro Universitário Uninter há 14 anos. Também leciona como professor convidado nos cursos de pós-graduação da Opet, da Universidade Positivo, do Centro Universitário Curitiba (Unicuritiba), do Centro Universitário Autônomo do Brasil (UniBrasil), do Ibpex e da Universidade Alto Vale do Rio do Peixe (Uniarp).

É, ainda, apresentador do *Programa Tendência e Mercado*, palestrante e consultor de empresas na área de marketing em todo o Brasil, membro do Grupo de Pesquisa em Ensino a Distância da Associação Brasileira de Educação a Distância (Abed) e do Grupo Tecnologia e Meio Ambiente (Tema) da UTFPR, parecerista da *Revista Guia do Estudante* da Editora Abril, professor parecerista do Congresso Internacional de Administração da Universidade Estadual de Ponta Grossa (UEPG) e avaliador da Revista Tecnologia e Sociedade, publicada pela UTFPR, em 2016.

Entre em contato com o autor por meio das seguintes redes:

- **Twitter**: @achilesjunior;
- **Instagram**: @achilesjunior;
- **LinkedIn**: Achiles Batista Ferreira Junior;
- **Plataforma Lattes**: <http://lattes.cnpq.br/9740416057665125>.
- **Site pessoal**: <http://www.professormarketing.com.br>.

about the author

Achiles Batista Ferreira Junior holds a bachelor's degree in Business Administration from Fesp/Uninter and in Computer Technology from Universidade Tuiuti do Paraná (UTP). He has MBA degree in Marketing Administration (Fesp), in Administration and Retail Management (Uninter), and in Public Administration and Cities Management (Ibpex).

He is a specialist in Methodology of Higher Education by Fesp, in Technological Education and New Media by the Brazilian Institute of Postgraduate and Extension (Ibpex), in Teacher Training and ODL Tutoring (Ibpex) and in Business Education and Corporate Communication (Uninter).

He holds a Master's degree in Business Management from the Federal University of Santa Catarina (UFSC) and a PhD in Technology & Society from the Federal Technological University of Paraná (UTFPR).

He is the author of several articles and of seven e-books on marketing and eight printed books on marketing, management, planning and technology, including: *The*

Tools of Information Technology for Executive Secretariat (2002); *The Use and Application of Informatics for Business Management* (2003); *The Development and Launch of Products* (2004); *Political & Electoral Marketing, an Analogy Between the Corporate World and Politics* (2010); *ITrends: an Analysis of Trends and Markets* (2014); *Supermarket: a Practical Approach on Consumer Markets* (2015); *Digital Marketing: a 3.0 Market Analysis* (2016).

The author has been working as a professor both in face-to-face learning and ODL modes for 18 years and in Uninter University Center for 14 years. He also teaches as a guest lecturer in the post-graduate courses of Opet, Positivo University, University Center Curitiba (Unicuritiba), Autonomous University Center of Brazil (UniBrasil), Ibpex and Alto Vale do Rio do Peixe University (Uniarp).

Mr. Ferreira Junior is also presenter of the TV program Tendência e Mercado, and works as a speaker and consultant for several companies in the marketing area all over Brazil. He is a member of the Distance Learning Research Group of the Brazilian Association of Distance Education (Abed) and of the Technology and Media Group Environment (TEMA) of the UTFPR, reviewer of the Student Guide Journal of Editora Abril, professor of the International Congress of Administration in State University of Ponta Grossa (UEPG) and reviewer of the Scientific Journal of Technology and Society UTFPR 2016.

Contact the author through social networks at:

» **Twitter**: @achilesjunior
» **Instagram**: @achilesjunior
» **LinkedIn**: Achiles Batista Ferreira Junior
» **Lattes**: <http://lattes.cnpq.br/9740416057665125>
» **Access**: <http://www.professormarketing.com.br>

Os papéis utilizados neste livro, certificados por instituições ambientais competentes, são recicláveis, provenientes de fontes renováveis e, portanto, um meio responsável e natural de informação e conhecimento.

MISTO
Papel produzido a partir de fontes responsáveis
FSC® C103535

Impressão: Reproset
Novembro/2021